박영규 선생님의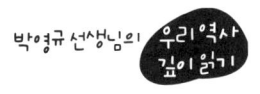

신라사 이야기 2
자비왕부터 태종무열왕까지

그린이 **이용규**

청주대학교 서양화과를 졸업했습니다.
그린 책으로는 《벽화 속에 살아 있는 고구려 이야기》 《브람스 헝가리 춤곡》
《엄마가 쓴 동화》 《한국사 탐험대》 등이 있습니다.

박영규 선생님의 우리 역사 깊이 읽기
신라사 이야기 2
자비왕부터 태종무열왕까지

1판 1쇄 발행 | 2006. 7. 3
1판 13쇄 발행 | 2019. 4. 27

박영규 글 | 이용규 그림

발행처 김영사 | 발행인 고세규
등록번호 | 제406-2003-036호
등록일자 | 1979.5.17
주 소 | 경기도 파주시 문발로 197 (우10881)
전 화 | 마케팅부 031-955-3100 편집부 031-955-3113~20
팩 스 | 031-955-3111

ⓒ 2006 박영규
이 책의 저작권은 저자에게 있습니다.
저자와 출판사의 허락 없이 내용의 일부를 인용하거나 발췌하는 것을 금합니다.

값은 표지에 있습니다.
ISBN 978-89-349-2237-7 73900
ISBN 978-89-349-1949-0 (세트)

좋은 독자가 좋은 책을 만듭니다. 김영사는 독자 여러분의 의견에 항상 귀 기울이고 있습니다.
독자의견전화 031-955-3139 | 전자우편 book@gimmyoung.com | 홈페이지 www.gimmyoungjr.com
어린이들의 책놀이터 cafe.naver.com/gimmyoungjr | 드림365 cafe.naver.com/dreem365

어린이제품 안전특별법에 의한 표시사항
제품명 도서 제조년월일 2019년 4월 27일 제조사명 김영사 주소 10881 경기도 파주시 문발로 197
전화번호 031-955-3100 제조국명 대한민국 ⚠주의 책 모서리에 찍히거나 책장에 베이지 않게 조심하세요.

박영규 선생님의 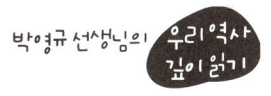 우리역사 깊이읽기

신라사 이야기 2
자비왕부터 태종무열왕까지

주니어김영사

글쓴이의 말

어린이들에게 신라의 참모습을 일깨워 주기 위해서

신라를 흔히 '천년 왕국'이라고 한다. 정확하게 말해서 신라의 역사는 992년(기원전 57~935년)이다. 그리고 고려의 역사는 474년(918~1392년), 조선의 역사는 518년(1392~1910년)이다. 그런데 우리는 이 숫자들에서 재미있는 사실을 발견할 수 있다. 고려 역사 474년과 조선 역사 518년을 더하면 신라 역사 992년이 되는 것이다. 신라 역사의 길이는 조선 역사와 고려 역사를 합친 것과 같다는 말이다.

신라는 약 2,000년 전에 세워져 고려와 조선의 역사를 합친 시간만큼 유지되다가 약 1,000년 전에 몰락했다. 신라의 역사는 《삼국사기》와 《삼국유사》, 《화랑세기》 등의 우리 역사책과 중국과 일본의 여러 역사책에 전해 오고 있다.

그러나 신라의 역사는 자세하지 않다. 앞에 말한 여러 책에 전하고 있는 신라에 대한 이야기들은 신라 역사의 아주 일부일 뿐이다. 그 일부의 역사마저도 제대로 정리한 책이 별로 없다. 그런 탓에 신라에 대한 간단한 정보를 가지고 있는 사람도 많지 않다. 우선 신라 사람들이 누구인지도 잘 알지 못한다. 사실, 신라를 처음 세운 사람들은 원래부터 경상도 땅에 살던 사람들은 아니다. 그들은 만주 땅에서 망명해 온 고조선의 후예였다. 그러나 신라 백성 가운데에는 일본 사람도 있었고 삼한 사람도 있었다. 심지어 신라 왕 가운데에도 일본이나 마한 출신도 있었다.

신라 왕족은 박씨, 김씨, 석씨 세 성씨로 이루어졌다. 중국 역사와 우리 역사를 모두 뒤져 봐도 세 성씨가 하나의 왕조를 이룬 나라는 신라밖에 없다. 도대체 어떻게 이런 일이 생겼을까? 박씨는 신라를 세우고, 석씨는 신라의 기반을 닦았고,

김씨는 신라를 발전시켰다. 그렇다면 이들은 모두 고조선의 후예였을까? 아니다. 박씨는 고조선의 후예이고, 석씨는 일본 출신이며, 김씨는 마한 출신이다.

박씨의 시조 박혁거세는 고조선의 후예인 서라벌의 여섯 부족이 추대해 왕으로 세운 인물이다. 따라서 박씨는 고조선의 후예다.

하지만 신라 제4대 왕 석탈해는 일본 사람이다. 그는 일본 작은 섬나라의 왕자였다. 때문에 신라 왕들 가운데 석씨를 쓰는 왕에겐 일본의 피가 섞여 있는 셈이다. 박혁거세왕 시절에 재상을 지낸 '호공'이란 사람도 일본 출신이었다. 이렇듯 신라 백성들 속에는 일본 사람도 많이 섞여 있었다.

그렇다면 신라 김씨 왕조의 시조 김알지는 누구인가? 그는 마한 사람이다.(이에 대해서는 본문 속에 자세히 소개해 두었다.)

이렇듯 신라는 고조선의 후예와 일본에서 건너온 세력과 삼한 세력이 함께 세운 국가다. 하지만 우리는 이런 사실을 잘 알지 못한다. 또 이런 내용을 전해 주는 책도 쉽게 찾아볼 수 없다.

신라사에는 우리가 미처 발견하지 못했던 숨어 있는 이야기들이 수도 없이 많다. 하지만 그 이야기들을 전해 주는 책들은 전혀 없다.

역사는 크게 세 가지로 이루어져 있다. 첫 번째는 옛날이야기다. 그리고 두 번째는 그것에 대한 해석이며, 마지막으론 역사를 바라보는 시각이다. 하지만 지금 우리 어린이들이 읽고 있는 대부분의 역사책에는 이야기만 있고 해석과 시각이 없다.

특히 신라사처럼 오래된 역사는 단순히 이야기를 아는 것보다 해석과 시각을 아는 것이 더 중요하다.

이 책 《신라사 이야기》는 우리 어린이들에게 역사 이야기만 알려 주는 책이 아니라 역사적 해석과 시각까지 함께 전해 주는 책이 되고자 한다.

박영규

차례

제20대 자비왕실록
건국 이후 최대의 군사력을
갖춘 자비왕 8

자비왕 가계도 18

❀ **신라사 깊이 읽기**
일본에 전해지고 있다는
'신라금'은 무엇일까? 20

제21대 소지왕실록
백제와 결혼 동맹을
맺은 소지왕 22

소지왕 가계도 38

❀ **신라사 깊이 읽기**
신라의 신궁은
누구를 모시던 곳일까? 40

제22대 지증왕실록
신라를 새롭게
변화시킨 지증왕 42

지증왕 가계도 52

❀ **신라사 깊이 읽기**
신라에도 의학 책이 있었을까? 54

제23대 법흥왕실록
가야를 차지하고
불교를 일으킨 법흥왕 56

법흥왕 가계도 70

❀ **신라사 깊이 읽기**
신라는 어떤 행정 조직을
갖췄을까? 72

제24대 진흥왕실록
신라의 전성기를 연
진흥왕　74

진흥왕 가계도　96

❀ 신라사 깊이 읽기
화백 제도란 무엇일까?　98

제25대 진지왕실록
타락한 허수아비 왕
진지왕　100

진지왕 가계도　104

❀ 신라사 깊이 읽기
골품 제도란 어떤 것일까?　106

제26대 진평왕실록
삼국 혼란기를 이겨 낸
진평왕　110

진평왕 가계도　136

❀ 신라사 깊이 읽기
신라의 군사 제도는 어땠을까?　138

제27대 선덕여왕실록
안팎의 위협에 시달린
선덕여왕　140

선덕여왕 가계도　144

❀ 신라사 깊이 읽기
선덕여왕의 지혜에 얽힌
세 가지 이야기　146

제28대 진덕여왕실록
당나라에 의지한
진덕여왕　148

진덕여왕 가계도　152

❀ 신라사 깊이 읽기
첨성대는 무엇을 하던 곳일까?　154

제29대 태종무열왕실록
삼한 통일의 기초를
다진 태종무열왕　160

태종무열왕 가계도　168

제20대 자비왕실록

건국 이후 최대의 군사력을 갖춘 자비왕

자비왕시대의 세계 약사

중국에서는 북위와 남송의 치열한 싸움이 계속되었다. 북위는 469년 송의 청주를 병합하는 데 성공했고, 송의 유연은 470년 보복 전쟁에 나섰다가 졌다. 그러자 남송에서 불만 세력이 내란을 일으켰고 마침내 479년 소도성이 남송을 치고 남제를 세웠다.
서로마에서는 게르만 용병 대장 리키멜이 정권을 손에 쥐었는데 그는 황제를 세우지 않고 자신이 직접 나라를 다스렸다. 그 뒤 몇 명의 어린 황제가 즉위했으나 476년 게르만 용병 대장 오도아케르가 황제를 폐함으로써 서로마는 몰락했다.

왜의 침략과 화친론의 등장

자비왕¹은 눌지왕의 맏아들로 458년 8월에 눌지왕이 세상을 떠나자 신라 제20대 왕에 올랐다. 자비왕은 왕이 된 순간부터 끊임없는 전쟁에 시달렸다. 이는 눌지왕 때부터 계속 이어진 왜의 침략 때문이었다. 왜는 눌지왕 때도 해마다 침략을 일삼다가 박제상이 눌지왕의 동생 미사흔을 왜에서 탈출시킨 뒤부터 더욱 기승을 부렸다.

"왜군이 군함 100여 척을 타고 동해로 쳐들어왔습니다."

왜군의 침략 소식이 자비왕에게 들려온 것은 왕위에 오른 지 8개월밖에 안 되었을 때였다.

"왜군이 월성을 에워싸고 무서운 기세로 공격해 오고 있습니다."

자비왕은 이 소식을 듣고 우선 월성에서 왜군과 맞서 싸우기로 했다.

"절대로 성문을 열고 나가 싸우지 말고 성을 지키는 데 온 힘을 다하라!"

배를 타고 멀리에서 온 왜군의 약점은 언제나 식량이었다. 자비왕은 성을 걸어 잠그고 버티기만 하면 왜군의 식량이 곧 바닥날 것이라고 생각했다.

얼마 뒤 과연 왜군은 식량이 떨어져 꽁무니를 빼기 시작했다. 자비왕은 이때를 놓치지 않았다.

"왜군은 지금 식량이 없어 허둥지둥 도망가고 있다. 저들이 신라 땅에 들어왔을 때에는 기세가 좋았지만 지금은 힘도 빠지고 정신도 없을 것이다. 도망가는 왜군의 뒤를 쫓아 하나도 남김 없이 무찔러라."

자비왕의 명령을 받은 신라 군이 뒤쫓아 오자 왜군은 정신을 차리지 못하고 도망쳤다. 심지어 병사들이 배에 모두 타지도 않았는데 배를 띄워 도망가기에 바빴다. 배에 타지 못한 왜군들은 바다로 뛰어들어 헤엄쳐서 도망가려고 했다. 신라 군은 이들 왜군을 한 명도 남기지 않고 모조리 없애 버려 전체 왜군의 절반에 가까운 수가 바다에서 숨을 거두었다.

자비왕은 이렇게 왕의 자리에 앉자마자 맞이한 왜군의 침략을 훌륭하게 막아 냈다. 하지만 바다 건너에 있는 왜군이 언제든지 다시 쳐들어올 수 있다는 사실을 모르는 사람은 없었다. 승리를 거두기는 했지만 그것으로 두려움이 사라지지 않았다.

1. 자비왕 (?~479)

신라 제20대 왕(재위 기간 458~479)으로 눌지왕의 맏아들이다. 474년 고구려가 백제를 공격했을 때 백제와 나제 동맹을 맺었다.

그러다 보니 신라에서는 점차 왜와 화친을 맺어 침략의 위협에서 벗어나자는 목소리들이 터져 나오기 시작했다.

"왜의 침략이 끊이지 않아 백성들이 밤잠을 이루지 못합니다. 더 이상 전쟁이 일어나지 않도록 왜와 화친을 맺어야 합니다."

하지만 이를 반대하는 신하들의 목소리도 매우 거셌다.

"그것은 있을 수 없는 일입니다. 지금 왜가 신라를 계속 침략하는 것은 선대왕(눌지왕)께서 인질로 있던 미사흔 왕자를 구출해 왔기 때문인데, 왜와 화친을 하자는 것은 미사흔 왕자를 왜에 돌려보내자는 것이 아닙니까? 이는 선대왕과 신라의 존엄성을 팽개치는 일입니다."

"꼭 그렇지는 않습니다. 왜 왕을 달랠 다른 방법을 찾아보면 될 것이 아닙니까? 왕이시여, 부디 왜와 화친을 맺어 전쟁을 끝

월성 안의 궁궐 터

성의 모양이 반달처럼 생겼다고 하여 '반월성'이라고도 한다. 신라 역대 왕들의 궁성이었으며, 문무왕 때에는 안압지, 임해전, 첨성대 일대가 편입되어 성의 규모가 커졌다.

경상북도 경주시 인왕동

내시옵소서."

자비왕은 왜와 화친을 맺을 것이냐, 계속 싸울 것이냐를 두고 패가 갈려 싸우는 신하들을 보고 단호하게 말했다.

"또다시 왕족을 인질로 보내는 비굴한 짓은 하지 않을 것이오. 이번에 월성을 지켜 왜군을 몰아낸 것처럼 물러서지 않고 싸우는 것이 옳을 것이오."

왜와 타협하지 않으려는 자비왕은 자신의 생각을 보여 주기 위해 박제상[2]이 왜에서 구해 온 미사흔의 딸을 왕비로 맞아들였다.

이 소식을 들은 왜 왕 웅략은 이를 갈며 소리쳤다.

"신라의 국왕이 끝까지 나와 싸워 보겠다는 뜻이로구나. 나를 속이고 도망간 미사흔 놈의 딸을 왕비로 삼다니!"

자비왕은 한때 왜와 화친하자고 주장하는 세력에게 왕권까지 위협당했지만 곧 이들을 몰아내고 왜의 침략에 강력하게 맞서 싸우려는 신하들만 남겨 두었다.

"끝까지 우리에게 고개를 숙이지 않겠다면 계속 신라를 괴롭혀라!"

왕의 명령을 받은 왜군은 462년 5월 서라벌 가까이에 있는 활개성(명활산성)을 습격해 그곳 백성 1,000여 명을 잡아갔으며 463년 2월에는 삽량성(경상남도 양산)을 공격해 왔다. 신라는 삽량성으로 쳐들어온 왜군을 크게 물리쳤지만 언제 또 왜군이 쳐들어올지 알 수 없어 항상 불안해했다. 자비왕은 왜군의 침략을 효과적으로 막아 낼 방법이 필요하다고 생각했다.

2. 박제상 (?~?)

신라 눌지왕 때의 신하다. 고구려에 볼모로 가 있던 복호를 데리고 왔으며, 왜에 볼모로 가 있던 미사흔을 신라로 보내고 체포되어 죽음을 당했다.

요새를 만들어 나라를 지키다

"왜군이 자주 쳐들어오는 해안에 성을 쌓아서 공격에 대비하도록 하라!"

계속되는 왜군의 침략을 효과적으로 막기 위해 자비왕이 생각해 낸 방법은 요새를 만드는 것이었다. 배를 타고 다니며 어느 곳이든 쉽게 쳐들어오는 왜군을 아예 해안에서 막아 내는 것이 좋겠다고 생각했기 때문이다.

그러고는 왜군에게 위협이라도 하듯이 신라의 군대를 모두 모아 힘과 기세를 뽐냈다. 그러자 왜군도 함부로 신라를 넘보지 못했다.

하지만 465년 4월에 산이 열일곱 군데나 무너질 정도로 큰 홍수가 나고, 5월에는 사벌(상주)에 메뚜기 떼가 덮쳐서 농사를 망쳐 놓는 등 신라 전체가 뒤숭숭해진 일이 터졌다. 이런 재난이 생기면 백성을 구하고 피해를 수습하느라 정신이 없었다. 그리하여 국방은 허술해지고 그 틈을 타 다른 나라가 쳐들어오는 일이 많았다.

자비왕은 이러한 사실을 잘 알고 있었다.

"전함을 고쳐 언제든지 싸움을 할 수 있도록 대비하라."

"왕이시여, 지금은 백성을 구하기도 바쁜데 어찌 전함을 고치라고 하십니까?"

"그것은 하나만 알고 둘은 모르는 소리다. 우리가 피해를 수습하는 데만 매달려 있으면 반드시 왜군이 쳐들어올 것이다. 그러면 홍수나 메뚜기 떼를 맞았을 때와는 비교도 안 될 정도로 나라가 짓밟힐 것이다. 이런 때일수록 전쟁에 대한 대비를 더 잘해야 한다."

자비왕의 철저한 대비 덕분에 왜군은 쉽사리 신라를 공격하지 못했다. 그러나 이번에는 북쪽에 있는 적군이 쳐들어왔다.

"고구려와 말갈이 1만 명의 군사를 이끌고 쳐들어왔습니다."

"실직성(삼척)이 고구려 군의 손에 넘어갔다고 합니다."

왜군의 침략에만 대비하고 있던 자비왕은 무척 당황스러워하며 다급히 하슬라(강릉)의 백성들로 하여금 성을 쌓고 고구려 군을 공격하게 했다. 빼앗긴 실직성은 어쩔 수 없더라도 더 이상 고구려 군에게 땅을 내줄 수 없다는 뜻이었다.

이러한 때 신라에는 또다시 큰 홍수가 나서 백성들의 집이 떠내려가고 수많은 마을이 물에 잠겼다. 이쯤 되면 재난 수습에 온 힘을 기울여야 했다. 그렇지 않으면 고통에 빠진 백성들이 왕을 원망하게 될지도 모를 일이었다.

삼년산성

우리나라의 대표적인 석축산성(돌로 쌓아 만든 산성)이다. 주위의 능선을 따라 매우 견고하게 쌓아 군사적 가치가 높았다.

충청북도 보은군 보은읍

 사태가 심각해지자 자비왕은 직접 수레를 타고 홍수가 난 지역을 일일이 찾아다니면서 백성들의 손을 잡고 위로했다. 자비왕이 이렇게까지 백성들을 달랜 것은 재난이 이어지는 와중에도 국방에 계속 힘을 쏟기 위해서였다.

 "서쪽과 북쪽에도 성을 쌓아 요새를 만들어라. 적들이 결코 넘어올 수 없도록 해야 한다."

 그리하여 470년 충청북도 보은에는 삼년산성이 생겨났다. 삼년산성은 3년 동안이나 공들여서 만들었다고 해서 붙여진 이름이다. 삼년산성은 서쪽의 백제와 북쪽의 고구려를 동시에 막을 수 있는 요새였다.

 삼년산성을 만든 뒤에도 계속 다른 요새를 세웠다. 471년 2월에는 모로성을 쌓았고, 473년 7월에는 명활산성을 더욱 튼튼하게 다시 지었으며, 475년에는 일모성, 사시성, 광석성, 답달

성, 구례성, 좌라성 등을 쌓았다. 이렇게 요새로 둘러싸인 신라는 철벽같은 방어를 할 수 있었다.

자비왕이 요새를 많이 만든 것은 왜군의 침략뿐만 아니라 고구려의 침략도 막기 위해서였다. 당시 고구려는 장수왕 이후 꾸준히 남쪽으로 밀고 내려와서 475년 7월에는 백제의 개로왕을 잔인하게 죽여 버리기도 했다. 개로왕은 다급하게 신라에 도움을 요청했지만 신라 군이 도착하기도 전에 장수왕에게 죽음을 당했다.

개로왕의 죽음을 본 자비왕은 자신도 언제 그렇게 될지 알 수 없다는 두려움이 일었다. 그래서 자연스럽게 백제와 손을 잡고 고구려에 맞서기로 했다. 또한 고구려 군의 침략을 언제든지 막아 낼 수 있도록 수많은 요새를 만들었다.

자비왕이 이렇게 쉬지 않고 국방력을 튼튼히 다져 놓은 477년 6월에 왜군이 또다시 동쪽 해안을 공격해 왔다. 하지만 이미 철저하게 준비한 신라 군은 전혀 당황하지 않고 왜군과 정면으로 싸워 물리쳤다.

478년 5월에는 왜군도 단단히 마음먹고 대군을 이끌고 왔다. 왜군은 신라가 요새를 만들어 항상 튼튼하게 지키는 것을 보고 이번에는 군대를 다섯으로 나누어 사방으로 공격해 왔다.

하지만 신라 군은 보통 때도 전쟁 때처럼 철저하게 준비하고 있었기 때문에 왜군의 새로운 전술을 아무 쓸모 없게 만들어 버렸다.

이로써 자비왕은 왜군의 침략을 그 어느 때보다 빠르고 효과

3. 개로왕 (?~475)
백제 제21대 왕(재위 기간 455~475)으로 근개루왕이라고도 한다. 고구려의 침입을 받아 죽음을 당했다.

적으로 막아 냈다. 또 이를 위해 군사력을 키워, 나라가 생긴 뒤에 가장 많은 군사력을 갖게 되었다. 물론 신라의 군사력은 주로 방어를 위한 것이어서 전투력이 어느 정도로 강해졌는지는 알 수 없다.

하지만 적어도 자비왕 때는 모든 적들의 침략을 막아 내는 데 성공했다. 또한 군사들을 제대로 훈련시킨 데다가 국경 곳곳에 요새를 만들어 누구도 함부로 신라를 넘볼 수 없게 했다.

가야금 명인, 백결 선생

자비왕 때는 국경을 요새로 만들고 수많은 침략을 막아 내느라 항상 전쟁의 기운으로 가득 차 있었다. 하지만 그 와중에도 오늘날까지 이름이 전해 내려오는 위대한 음악가가 있었으니, 그가 바로 가야금의 명인 백결 선생이다.

백결 선생의 본명은 박문량이다. '백결'은 '백 군데를 바늘로 기운 옷'이라는 뜻이다. 너덜너덜해 누더기가 된 옷을 입고 다녀서 '백결 선생'이라 불렸다. 그의 옷이 어찌나 너덜너덜했던지 사람들은 백결 선생이 몸에 메추라기를 매달고 다니는 것 같다고 했다.

하지만 백결 선생이 본래 가난했던 것은 아니다. 그는 사실 눌지왕의 충신, 박제상의 막내아들이었다. 눌지왕은 박제상이 왜에서 미사흔을 탈출시키고 그곳에서 화형당해 죽자, 박제상의 가족에게 많은 재산을 내렸다. 하지만 남편이 세상을 떠났다는 소식을 들은 박제상의 아내와 딸 두 명은 슬픔을 이기지 못하고 그 자리에서 스스로 목숨을 끊었다.

박제상의 자녀들 가운데에서 살아남은 사람은 둘째 딸 아영과 백결 선생뿐이었다. 박제상이 세상을 떠나고 몇 년 뒤 아영이 미사흔과 결혼해 궁궐로 들어갔을 때 백결 선생도 궁궐로 따라 들어갔다.

이때 백결 선생은 지위가 높은 귀족의 딸과 결혼해 벼슬자리에 앉기도 했다. 그렇지만 478년 벼슬을 그만두고 고향에 내려왔다. 그는 청렴결백하게 살면서 왕실의 도움도 사양했다.

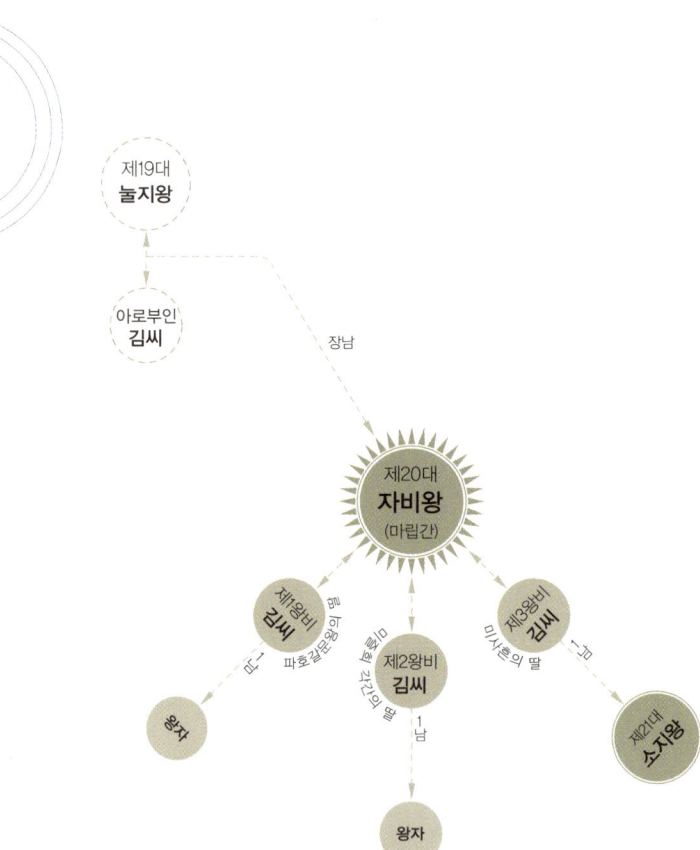

　백결 선생은 중국 춘추시대의 위대한 음악가인 영계기를 매우 존경했다. 영계기는 사슴 가죽 옷에 새끼줄 띠를 맨 거지 차림으로 늘 악기를 연주하고 노래를 부르고 다닌 것으로 유명했다. 백결 선생 자신도 영계기와 같은 삶을 살고자 했던 것이다.

　그가 얼마나 가난했는지 《삼국사기》에는 다음과 같은 이야기가 실려 있다.

어느 해 연말이었다. 새해가 다가오자 사람들은 곡식을 찧어 음식을 장만하느라 바빴다.

하지만 백결의 집은 사정이 달랐다.

"새해가 다가오는데 어떡하면 좋을까?"

원래 부유한 귀족 집안의 딸이었던 백결의 아내는 가난한 집안 살림 때문에 한숨을 쉬었다. 아내는 백결이 듣는 데서 이렇게 말했다.

"남들은 명절이라고 모두 곡식을 찧고 있는데, 우리만 곡식이 없으니 무엇으로 설을 쇠죠?"

그러자 백결이 하늘을 우러러보며 아내를 달랬다.

"죽고 사는 것에는 운명이 있고 부귀는 하늘에 달려 있어, 그것이 와도 막을 수 없고 그것이 달아나도 좇을 수 없는 법이오. 그런데 부인은 어찌 그리 마음 아파하는 거요?"

그리고 아무렇지도 않은 얼굴로 말을 이었다.

"지금 우리 집에 곡식이 없어 곡식을 찧지 못하지만 내가 부인을 위해 가야금으로 곡식 찧는 소리를 내어 위로해 주리다."

백결은 가야금을 뜯기 시작했다. 그런데 그 소리가 정말로 곡식을 찧는 방아 소리와 똑같아서 뒷날 '방아악'이라는 이름으로 전해졌다.

어려운 처지 속에서도 가야금을 놓지 않은 백결 선생이야말로 '음악의 성인'이라 할 만했으며 전쟁에 찌든 신라 사람들을 위로해 준 위대한 음악가로 후대에 길이 이름을 남겼다.

신라사 깊이 읽기

일본에 전해지고 있다는 '신라금'은 무엇일까?

일본 나라현의 정창원에는 '신라금'이라는 악기가 보관되어 있습니다. 일본에서는 이것을 '시라기고도'라고 부릅니다. 시라기는 신라의 일본 말이고, 고도는 가야금과 같은 악기를 가리키는 것이니, 시라기고도는 곧 우리말로 신라금이라고 할 수 있지요.

그렇다면 가야금 말고 신라의 독창적인 악기인 신라금이 따로 있었다는 뜻일까요? 그렇지 않습니다. 사실, 일본 사람들이 신라금이라고 믿고 있는 것은 우리나라의 가야금입니다.

가야금은 우륵에 의해 신라에 전해졌는데, 이것이 다시 일본에 전해지면서 '신라금'이라고 불리게 된 것뿐입니다. 마치 고구려의 악기인 거문고가 백제를 거쳐 일본에 전해지면서 일본에서는 거문고를 '백제금'이라고 부르는 것과 같습니다.

하지만 당시 일본 사람들은 가야금이나 거문고를 신라금과 백제금으로 불렀습니다. 그래서 현재 일본 나라현의 정창원에는 '시라기고도'라고 불리는 세 가지 악기가 보관되어 있는 것입니다.

가야금이 일본에 전해진 시기는 분명하지 않지만, 정창원에 보관되어 있는 '시라기고도'는 819년에 만들어졌습니다.

일본의 역사책인 《일본후기》에는 809년 신라에서 온 두 명의 악사가 있었는데, 그 가운데 한 명이 '시라기고도'를 가르쳤다고 기록되어 있습니다. 때문에 시라기고도가 신라 사람들에 의해 일본에 전해진 악기인 것만은 분명합니다.

시라기고도는 한국에서 '풍류 가야금'이라고 불리는 법금과 같은 모양을 하고 있습니다. 때문에 신라금은 가야금의 한 종류인 것입니다.

가야금 타는 토우
신라시대 무덤에서 출토된 토우는 흙으로 빚은 인형이다. 가야금 모양의 악기를 연주하고 있는 토우다.

국립경주박물관 소장

제21대 소지왕실록

백제와 결혼 동맹을 맺은 소지왕

소지왕시대의 세계 약사

중국에서는 북위와 남제가 서로 맞서게 되어, 초기에는 남제가 북위를 무찔렀다. 북위는 494년 낙양으로 도읍을 옮기고 대대적으로 남제를 공격하기 시작했다. 그 와중에 남제에서는 몇 차례 반란이 일어나 혼란스러웠다.
서로마를 손에 쥔 오도아케르는 동고트 왕 테오도릭과 전쟁을 벌였다. 493년 테오도릭은 오도아케르를 죽이고, 이탈리아에 동고트 왕국을 세웠다. 프랑크족은 클로비스가 즉위해 메로빙거 왕조를 세우고, 486년 프랑크 왕국을 세웠다.

시련에 빠진 소지왕

소지왕은 자비왕의 셋째 아들로 479년 2월에 자비왕이 세상을 떠나자 왕위에 올랐다. 그는 어릴 때부터 효성스럽고 겸손해 성인이라고 불릴 만큼 많은 사람들의 존경과 사랑을 받았다.

하지만 왕위에 오른 소지왕의 앞날은 순탄하지 않았다. 그는 왕위에 오른 다음 해부터 커다란 시련에 맞닥뜨렸다. 소지왕을 괴롭힌 시련은 크게 두 가지였다. 하나는 천재지변이었고, 또 하나는 외적의 침입이었다.

"어허, 이 일을 어찌하면 좋단 말인가?"

480년 봄에 가뭄이 닥치자 소지왕은 크게 걱정했다.

"비가 올 조짐은 보이지 않느냐?"

"곧 여름이 오면 비가 오지 않겠습니까?"

그러나 신하들의 말과 달리 가뭄은 여름에도 계속되었다.

"가뭄 때문에 논밭이 바싹 마르고 곡식은 모두 말라 죽어 버렸습니다."

결국 가뭄은 큰 흉년으로 이어져 굶주림에 허덕이며 길거리에서 쓰러져 죽는 백성들이 많았다.

소지왕은 가뭄이 부른 위기를 나라의 곡식을 풀어서 겨우 넘겼다. 그러나 안심하는 것도 잠시, 가뭄과 흉년으로 뒤숭숭해진 신라에 북쪽의 말갈이 쳐들어왔다.

1. 소지왕 (?~500)
신라 제21대 왕(재위 기간 479~500)이며 자비왕의 셋째 아들이다.

당황한 소지왕은 급히 신하들을 불러 모아 회의를 열었다.

"선대왕(자비왕) 시절에는 왜군이 기승을 부리더니 이번에는 말갈이 쳐들어왔소. 저들이 어쩌다 한 번 쳐들어온 것이면 이번에만 물리치면 되겠는데, 경들이 보기에 어떨 것 같소?"

"왕이시여, 말갈의 침입은 예사롭게 볼 일이 아닙니다."

"예사롭지 않다? 자세히 말해 보오."

"말갈은 우리나라 북쪽에 터전을 잡고 살고 있었으나 얼마 전 고구려에 완전히 점령당해 지금은 고구려의 하수인이나 다름없습니다."

"그렇다면 이번 침입은 고구려가 조종한 것이란 말이오?"

"그렇습니다."

"큰일이군. 말갈 정도라면 거세게 몰아치면 주눅이 들 텐데, 고구려가 뒤에 있다면 만만치 않겠군. 병사들이 이번 싸움에 최선을 다할 수 있도록 내가 직접 가서 군사들을 위로하겠소."

소지왕은 말갈과의 싸움을 중요한 문제로 생각하고 위험하기 그지없는 국경 지방의 비열성(함경남도 안변)까지 가서 병사들을 격려했다.

하지만 고구려 군이 말갈의 침략군 뒤에 버티고 있어서 신라군은 계속 싸움에서 졌다. 그들은 순식간에 호명성(경상북도 청송) 등 일곱 성을 무너뜨렸다. 그리고 다시 동쪽 바닷가를 따라 내려와 미질부(경상북도 영일만)까지 차지했다. 미질부에서 금성(경주)까지는 불과 몇십 리밖에 되지 않았다.

소지왕은 백제가 한성을 고구려에 빼앗긴 뒤 백제의 개로왕이 죽음을 당했던 일을 떠올리며 커다란 불안감에 휩싸였다.

"말갈과 고구려의 군대가 코앞에까지 왔으니 이대로 가면 그들이 금성을 짓밟을 게 아닌가? 경들은 어서 대책을 내놓아 보시오."

신하들도 모두 겁에 질려 어찌할 바를 모르다가 한 신하가 대책을 내놓았다.

"백제와 가야에 도움을 요청하는 방법밖에 없습니다."

"그들이 우리를 도와줄까?"

"백제도 고구려가 쳐들어왔을 때 우리에게 도움을 청하지 않았습니까. 우리가 그들을 도우러 달려간 적이 있으니, 이번에는 백제가 우리를 도와줄 차례입니다."

"그렇지. 선대왕(자비왕)께서 백제의 개로왕을 돕기 위해 군사를 보냈지. 그런데 별로 사이좋게 지낸 적이 없는 가야도 우리를 도와줄까?"

"백제와 가야, 두 나라 모두 고구려에 위협을 느끼고 있기 때문에 자신들을 지키기 위해서라도 우리를 도와줄 것입니다."

"좋다. 당장 백제와 가야에 사람을 보내 도움을 요청하라."

다행히 백제와 가야는 신라에 지원군을 보내 주었다. 백제, 가야, 신라의 삼국 연합군은 고구려와 말갈의 군대를 가까스로 몰아낼 수 있었다. 삼국 연합군은 달아나는 고구려와 말갈의 군대를 뒤쫓아 1,000여 명의 목을 베었다. 신라의 운명은 물론 소지왕의 목숨까지 겨우 지켜 낸 순간이었다.

하지만 이 일 때문에 신라의 위신은 물론 소지왕의 체면까지

> **2. 이벌찬**
> 신라 때 17등급 가운데 1등급의 최고 벼슬로, 진골만 오를 수 있었다. '각간' 또는 '이벌간'이라고도 한다.

바닥에 떨어지고 말았다. 자기 힘으로 적을 물리치지 못하고 다른 나라의 힘을 빌렸기 때문이다.

뿐만 아니라 이 일이 있은 뒤 또다시 엄청난 강풍이 불어오고 가뭄이 들었다. 게다가 왜군까지 쳐들어와 백성을 죽이고 재산을 빼앗아 갔으며 여름에는 홍수까지 겹쳐 신라의 사정은 차마 눈 뜨고 볼 수 없게 되었다.

이렇게 되자 소지왕의 권위가 흔들리기 시작했다.

"왕이 덕이 없어서 재난이 그치지 않는 거야."

"왕이 능력이 없고 못나서 나라가 이 지경이 되었어."

신라 사람들 사이에는 이런 말이 나돌았다. 자칫하면 불만이 폭발해 반란이 일어날 지경이었다.

소지왕은 눈물을 머금고 결정을 내렸다.

"오함을 이벌찬[2]에 임명해 그에게 정치와 군사를 맡기고 나는 백성들을 돌보는 데 온 힘을 쏟겠다."

재난과 전쟁이 일어난 데 책임지는 모습을 보여 주어 자신에 대한 원망이 더 이상 커지지 않도록 하기 위해 어쩔 수 없이 내린 결정이었다.

백제와 신라의 결혼 동맹

일단 스스로 권력을 내놓고 자신에게 쏟아지는 원망을 피하면 괜찮아질 것이라고 생각한 소지왕의 판단은 옳았다. 무엇보다도 백제와 손잡은 것이 큰 역할을 해 신라 백성들은 안정을 찾기 시작했다.

그런데 484년 7월 백제에 고구려 군이 또 쳐들어왔다. 이번에는 신라와 백제의 연합군이 싸움을 시작하자마자 모산성(충청북도 진천)에서 고구려 군을 크게 물리쳤다. 백제의 동성왕은 이듬해 5월 사신을 보내 소지왕에게 감사의 마음을 전했다.

"백제 왕이 우리 임금한테 고맙다고 인사하러 사신까지 보냈다네."

"우리 신라 군이 백제에 쳐들어온 고구려 군을 단번에 무찔렀대."

"이제 우리나라의 체면이 서네그려."

"이제 백제가 우리나라와 손잡고 고구려를 물리칠 것이니 고구려 군이 쳐들어와도 발 뻗고 잘 수 있겠네."

백성과 신하들 사이에는 이런 말이 오갔고, 신라와 소지왕의 권위가 다시 살아났다.

소지왕은 이에 힘입어 여러 성을 쌓아 국방을 튼튼히 했다.

"성을 쌓아 요새를 만들어 고구려 군이 다시는 우리 땅을 넘볼 수 없도록 하라. 왜군이 쳐들어올 만한 곳에도 성을 더 쌓아 백성들을 안심시키도록 하라."

소지왕은 자신의 장인을 정치와 군사를 맡은 이벌찬에 임명해 권력을 되찾는 데 한발 다가갔다. 이후에도 소지왕은 꾸준히 왕권을 되찾아 487년 7월에는 월성에 커다란 궁궐을 지어서 머물렀고 금성에는 왕족이 머무르게 했다. 왕의 권위를 한 단계 더 높이려는 생각에서 한 일이었다.

3. 동성왕 (?~501)
백제 제24대 왕(재위 기간 479~501)이다. 고구려가 남쪽으로 내려오는 것에 대비해 신라, 중국 남제와 화친을 맺었다. 493년 신라와 결혼 동맹을 맺었다.

이렇게 해서 소지왕은 왕위에 오른 지 10년 만에 시련에서 벗어나 제자리를 잡을 수 있었다.

소지왕이 온갖 어려움을 헤치고 제자리를 찾은 데에는 백제와의 동맹이 큰 역할을 했다. 이를 정확히 알고 있던 소지왕은 백제와 더욱 가까워지기 위해 '결혼 동맹'을 맺었다. 이는 493년 3월 백제의 동성왕이 먼저 요청해 온 일이었다.

"지금 힘이 센 고구려가 우리를 자주 위협하는데, 이런 때 같은 처지에 있는 백제와 동맹을 더욱 튼튼히 해야 한다고 생각하는데, 경들의 생각은 어떠하오?"

소지왕의 물음에 신하들도 모두 찬성했다.

"그렇습니다. 더구나 백제의 왕이 우리나라에 사신을 보내 예의를 갖추고 있으니 저들을 더욱 믿을 만합니다."

"그래서 백제에 왕실의 여인을 보내 혼인시켜 동맹을 더욱 굳건히 하고자 하오. 누구를 보내야 하겠소?"

"아무래도 신라 최고의 벼슬인 이벌찬의 딸을 보내는 것이 좋을 듯합니다."

소지왕은 신하들의 말에 따라 이벌찬 비지의 딸을 백제로 보내 결혼 동맹을 맺었다. 이에 소지왕은 커다란 자신감을 얻어 내친김에 고구려에 빼앗긴 땅을 찾기로 했다.

"실죽 장군은 지난날 고구려가 빼앗아 간 땅을 되찾아 오도록 하라."

하지만 이는 자신감이 지나쳐 벌인 무리한 일이었다. 실죽 장군은 대동강을 넘어 청천강까지 공격했지만 고구려 군에게 반격당해 견아성(경상북도 문경 서쪽)까지 도망쳤다. 더구나 고구려 군에 포위당해 병사들이 모두 목숨을 잃을 위기에 빠졌다.

이 소식은 곧 소지왕에게 전해졌다.

"아, 고구려에 빼앗긴 땅을 되찾는 것은 역시 무리인가? 내가 괜히 실죽 장군을 죽게 하는 것은 아닌가?"

소지왕이 걱정하고 있을 때 반가운 소식이 들려왔다.

"백제 왕이 실죽 장군을 구하기 위해 군사 3,000명을 보냈다고 합니다."

"그래? 이렇게 반가울 데가 있나. 이제야 좀 안심하겠구나."

고구려 군은 백제 군이 몰려오자 양쪽에서 공격당하는 것이 두려워 그길로 포위를 풀고 돌아갔다.

그러나 그냥 물러서자니 화가 났다.

'백제 놈들이 감히 우리를 방해하다니! 뜨거운 맛을 보여 주마.'

이렇게 다짐한 고구려 장수는 백제의 치양성(황해도 연백의 배천)을 포위하고 공격했다. 이번에는 신라를 돕던 백제가 위험에 빠졌다.

이 소식을 들은 소지왕은 곧 명령을 내렸다.

"백제가 우리를 돕다가 위험에 빠졌으니 그냥 보고 있을 수 없다. 덕지 장군은 당장 군사를 이끌고 가서 백제를 구하라!"

명령을 받은 덕지 장군은 곧바로 군사를 몰고 달려가서 치양성을 에워싸고 있던 고구려 군의 뒤를 습격했다. 그러자 고구려 군은 크게 당황했다.

갑자기 나타난 신라 군에 놀란 고구려 군은 치양성의 백제 군까지 공격해 오자 어찌할 바를 모르고 허둥거리다가 전멸당했다.

"와아, 신라 만세! 백제 만세!"

"우리가 손을 잡으니 두려울 것이 없도다."

병사들은 물론 백성들까지 신라와 백제의 믿음직한 동맹에 크게 기뻐했다. 백제의 동성왕은 치양성을 지키는 데 도움을 준 신라에 감사의 마음을 전하기 위해 또다시 사신을 보냈다. 이는 백제와 신라의 동맹을 더욱 굳건하게 해 주었을 뿐만 아니라 소지왕의 권위도 높여 주었다.

백제를 도와 치양성을 지켜 낸 이듬해에는 가야에서 꼬리가 다섯 자나 되는 흰 꿩을 선물로 보내왔다. 백제와 신라가 힘을 모아 강한 고구려의 위협을 이겨 낸 것을 본 가야도 신라와 친하게 지내고 싶었기 때문이다. 하지만 백제와의 동맹으로도 언제까지나 고구려의 침입을 막아 낼 수는 없었다. 497년 8월에 또다시 쳐들어온 고구려 군은 우산성을 빼앗았고 500년 3월에는 왜군까지 장봉진(경상북도 포항 근처)으로 쳐들어와 점령해 버렸다. 엎친 데 덮친 격으로 그해 4월에는 폭풍이 불어 나무가 뽑혀 나가고 농사도 망쳤다. 게다가 반란 세력까지 고개를 들어 귀족들 사이에서는 왕을 바꾸어야 한다는 의견이 일기도 했다.

소지왕은 백제와의 동맹을 통해 신라를 잘 다스렸지만 말년에는 시련 속으로 빠져 들고 말았다. 온갖 어려움을 겪으며 세월을 보낸 소지왕은 또다시 힘든 일을 당하자 그만 지치고 말았다. 말년에 소지왕은 사랑하는 여인에게 마음을 기대고 나랏일은 뒷전으로 미뤄 두는 일이 빈번했다.

아래 소개하는 소지왕의 여인들을 통해 신라시대의 자유로운 연애 풍속도를 엿볼 수 있을 것이다.

다른 남자를 사랑한 왕비, 선혜부인

소지왕에게는 태자 시절에 부인으로 맞아들인 선혜부인이 있었다. 그녀는 이벌찬 내숙의 딸로 사랑과는 전혀 상관없이 맺어진 사이였다. 선혜부인은 딸을 두 명 낳았는데, 첫째 딸 보도는 소지왕의 자식이지만 둘째 딸 오도는 승려 묘심의 자식이었다. 선혜부인이 다른 남자를 사랑해 아이까지 낳았던 것이다.

선혜부인이 승려 묘심과 바람을 피운 이야기는 《삼국유사》에 다음과 같이 전한다.

때는 소지왕이 왕위에 오른 지 10년이 되는 해였다. 왕이 길을 가고 있는데, 느닷없이 까마귀와 쥐가 와서 울어 대는 것이 아닌가? 게다가 쥐는 왕 앞에 나와 사람의 말을 했다.

"이 까마귀가 가는 곳으로 따라가 보소서."

서출지

소지왕의 전설과 깊은 관계가 있는 연못이다. 이곳에서 글이 나와 계략을 막았다고 하여 서출지라는 이름이 붙여졌다.

경상북도 경주시 남산동

　왕이 이상히 여겨 말 탄 군사를 시켜 까마귀를 따라가게 했다. 하지만 말 탄 군사는 남쪽의 어느 마을에 이르러 돼지 두 마리가 싸우는 것을 구경하느라 그만 까마귀를 놓쳐 버리고 말았다. 군사들이 두리번거리고 있는데, 웬 노인이 연못에서 걸어 나오더니 편지를 주었다. 편지 겉봉에는 다음과 같이 쓰여 있었다.

　'편지를 펼쳐 보면 둘이 죽고, 펼쳐 보지 않으면 한 사람이 죽는다.'

　군사들은 곧 이 편지를 왕에게 바쳤다. 왕은 편지 겉봉의 글을 보고 말했다.

　"편지를 보고 두 사람이 죽는 것보다는 편지를 보지 않고 한 사람이 죽는 것이 낫다."

　그러자 점을 치는 관리가 말했다.

"두 사람이란 일반 백성이요, 한 사람이란 곧 왕입니다."

왕은 점치는 관리의 말을 믿고 편지를 펼쳐 보았다. 그 속에는 다음과 같이 쓰여 있었다.

'거문고 집을 활로 쏘라.'

왕이 대궐로 돌아가 거문고 집을 활로 쏘니, 그 속에는 궁에 머물며 불공을 드리는 중과 궁주가 몰래 사랑을 나누고 있었다. 왕은 두 사람을 처형했다.

당시 소지왕의 부인은 선혜부인 한 사람뿐이었다. 따라서 위의 이야기에서 몰래 사랑을 나누는 궁주는 선혜부인이고 중은 묘심이라는 것을 알 수 있다.

하지만 《삼국유사》와 달리 《화랑세기》에는 선혜부인이 '오도'라는 딸까지 낳았다고 되어 있다. 선혜부인이 처형당하지 않았다는 뜻이다. 어느 쪽이 진실일까?

신라 왕실에서는 왕비가 다른 남자를 사랑해 아이까지 낳았다고 해도 죽음을 당하지 않았다. 남녀간의 사랑에 대해 매우 자유로웠던 신라에서는 흔히 있는 일이었기 때문이다. 더구나 거의 모든 왕비들은 왕족의 혈통을 순수하게 지키기 위해 왕의 가까운 친척들 가운데서 선택되었으므로 왕과 사랑하는 사이인 경우가 별로 없었다. 그래서 왕비들은 사랑하는 남자가 생기면 마음대로 사랑을 나누고 아이도 낳곤 했다.

선혜부인과 묘심 사이에서 태어난 오도는 왕실의 핏줄로 당당하게 인정받았을 뿐만 아니라 그 자신도 남편이 아닌 남자

> **4. 《화랑세기》**
> 신라 성덕왕 때 김대문이 화랑의 전기를 기록한 책이다.

사이에서 아이를 낳기도 했다. 이 아이의 이름은 옥진인데, 옥진은 영실에게 시집갔다가 법흥왕의 눈에 들어 왕의 애인이 되었다. 오도나 옥진의 경우만 보더라도 신라 왕실에서는 남녀간의 사랑을 죄라고 생각하지 않았음을 알 수 있다.

《삼국유사》는 유교와 불교가 발전했던 고려시대에 만들어진 책이기 때문에 아무래도 유교적 남녀 윤리를 후대에 덧붙인 것으로 보인다.

어쨌든 소지왕의 왕비인 선혜부인은 다른 남자를 사랑했으며 소지왕 또한 부인이 아닌 다른 여자에게서 사랑을 구해야 했다.

소지왕이 사랑한 절세 미녀, 벽화부인

소지왕이 사랑한 여인은 벽화부인이었다. 벽화부인은 어릴 때부터 신라 최고의 미인으로 소문이 났다.

"날이군(지금의 경상북도 영주)에 선녀 같은 미인이 있대."

"신라에서 가장 아름다운 여자일 거야."

"벽화의 미모가 어찌나 뛰어난지 눈이 다 부실 지경이라는군."

이런 소문은 소지왕의 귀에도 들어갔다.

"나라는 어지럽고 마음을 기댈 곳이 없구나. 날이군에 절세 미녀가 있다는데, 그 여인이나 보러 갈까?"

소지왕은 500년 9월 직접 날이군에 갔다. 이때 소지왕은 이미 일흔에 가까운 노인이었다.

소지왕이 날이군에 온다는 소식이 전해지자 벽화의 아버지 파로는 가만히 있지 않았다.

"벽화야, 왕이 너를 보러 올 테니 예쁘게 단장하고 있어라. 왕의 눈에 들면 네 팔자도 펴고 우리 집안도 일어설 수 있다."

파로는 벽화에게 비단옷을 입혀 가마에 태우고는 소지왕이 오기를 기다렸다. 마침내 왕이 도착하자 파로가 말했다.

"왕이시여, 선물을 준비했나이다."

"오호, 그래 무엇인고?"

"이 가마에 있사옵니다."

소지왕은 가마를 보고 파로가 귀한 음식을 준비했으려니 생각했다. 하지만 가마를 열어젖히고 나온 것은 절세 미녀 벽화였다. 소지왕은 벽화의 아름다움에 정신을 잃을 정도였다. 하지만 성군이라는 칭송을 듣는 소지왕이 자신의 증손녀뻘밖에 되지 않는 열여섯 살의 벽화를 품에 안기에는 세상의 눈이 두려웠다. 그래서 소지왕은 그냥 궁으로 돌아올 수밖에 없었다.

하지만 궁에 돌아와서도 벽화의 얼굴이 어른거려 아무 일도 할 수 없었다.

"벽화의 얼굴을 한 번만 더 보면 소원이 없겠구나."

천마도장니

천마총에서 발견된 유물로 말의 안장 양쪽에 달아 늘어뜨리는 장니에 그려진 말 그림이다. 천마총은 경주 고분 제155호 무덤으로 불리다가 천마도가 발견되어 천마총이라 부르게 되었다. 소지왕 또는 지증왕의 능으로 추정되나 확실하지는 않다.

국립경주박물관 소장

소지왕은 마침내 평민의 옷으로 갈아입고 몰래 대궐에서 빠져나와 벽화의 집을 찾아갔다. 벽화의 아버지 파로는 기다렸다는 듯이 말했다.

"왕이시여, 어서 오시옵소서. 벽화를 준비시켜 놓았나이다."

일흔에 가까운 소지왕은 체면도 다 버리고 벽화를 만났다. 이때부터 소지왕은 정신을 차리지 못하고 항상 벽화만 생각했다. 그리고 틈만 나면 대궐에서 빠져나와 벽화를 찾아갔다. 이 사실은 백성들 사이에 널리 퍼졌다.

그러던 어느 날, 그날도 소지왕은 벽화가 견딜 수 없이 보고 싶어 평민 옷을 입고 대궐에서 몰래 빠져나왔다. 그리고 벽화의 집으로 가는 도중 어느 노파의 집에 머물게 되었다. 자신이 몰래 벽화의 집을 들른다는 것을 아무도 모른다고 생각한 소지왕은 노파에게 물었다.

"백성들은 국왕이 어떤 사람이라고 생각하는가?"

노파가 대답했다.

"많은 사람이 그를 성인이라고 말하지만, 나는 그렇게 생각하지 않습니다. 내가 듣기에 왕은 날이군에 사는 여자를 사랑해 툭하면 평민 옷을 입고 나다닌다 하오. 나라를 다스리는 사람이 이처럼 천박한 짓을 하니, 이런 사람이 성인이라면 누구나 성인이 될 수 있지 않겠소?"

소지왕은 노파의 말을 듣고 몹시 부끄러웠다. 하지만 그 부끄러움도 벽화에 대한 사랑을 막지 못했다. 소지왕은 벽화를 궁궐로 불러들여 후궁으로 삼았다. 그때 벽화는 소지왕의 아이를 임신하고 있었다.

소지왕은 일생 동안 나랏일로 시련을 겪다가 일흔이 다 되어서 절세 미녀와 사랑에 빠져 행복을 찾았다. 그러나 그 행복도 오래가지 못했다. 소지왕은 벽화를 궁궐로 불러들인 지 두 달 만에 세상을 떠나고 말았다. 벽화는 소지왕이 죽은 뒤에 그의 아들을 낳았지만 아이에 대한 구체적인 기록은 남아 있지 않다.

소지왕이 세상을 떠나자 벽화는 법흥왕의 후궁이 되었다. 법흥왕은 소지왕의 뒤를 이어 왕위에 오른 지증왕의 태자였다. 하지만 벽화는 법흥왕이 아니라 법흥왕이 매우 아끼던 비량이라는 사람을 사랑했다.

자신 또한 다른 여인을 사랑하고 있었던 법흥왕은 벽화와 비량의 사랑을 눈치 채고도 이들을 벌주지 않았다. 또 비량을 아꼈기 때문에 두 사람이 결혼할 수 있도록 해 주었다.

신라사 이야기

제21대 소지왕 가계도

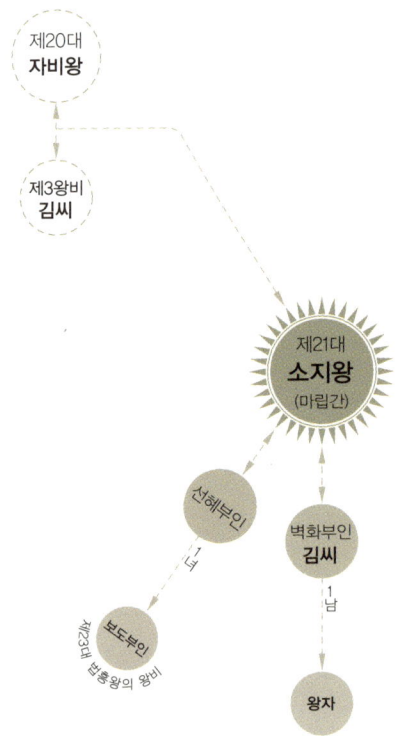

이렇듯 벽화부인은 소지왕이 세상을 떠난 뒤에도 자유분방하게 사랑을 했다. 이러한 그녀의 모습은 지금으로서는 상상하기 힘들 만큼 당시 신라 사회의 남녀 관계가 자유로웠음을 알려 준다. 이 때문에 신라 사회에서는 여자가 아이를 낳더라도 그 아버지가 누구인지 정확하게 모르는 경우가 많았으며, 이 때문에 신라 사회에서는 모계를 중요하게 여겼다.

신라사 깊이 읽기

신라의 신궁은 누구를 모시던 곳일까?

제21대 소지왕 9년(487년)에 신궁을 세웠다는 기록이 나오는데, 이곳은 무엇을 하는 곳이었을까요?

신궁이 만들어진 곳은 시조가 태어난 '나을'이라고 합니다. 그렇다면 나을에서 태어난 시조는 누구일까요?

여기에 대해서는 학자들 사이에 논란이 있습니다. 어떤 사람은 박혁거세라 하고, 어떤 사람은 김알지라고도 합니다.

신궁이 박혁거세를 모시는 곳이라고 주장하는 사람들은 신라의 시조가 박혁거세이고, 그가 나정이라는 우물에서 태어났다는 사실에 근거를 두고 있습니다. 나정과 나을은 다른 글자이지만 발음이 비슷하기 때문에 같은 곳을 가리킬 수도 있다는 것입니다.

하지만 신궁이 김알지를 모시는 곳이라고 주장하는 사람들의 말은 다릅니다. 이들은 신궁을 지을 당시의 왕이 김씨였기 때문에 당연히 김씨의 시조인 김알지를 모시는 곳을 만들었을 것이라고 주장합니다. 또 박혁거세는 이미 시조 묘에 모셔져 있는데, 신궁을 또 짓는 것은 이해할 수 없는 일이라고 합니다.

하지만 최근에는 여러 학자들이 전혀 다른 주장을 하고 있습니다. 신궁은 박혁거세나 김알지를 모시던 곳이 아니라 말 그대로 신을 모시던 곳이라는 것입니다.

이들은 신궁에 모셔져 있는 신이 천지 신, 즉 하늘과 땅의 신 또는 하느님인 천신일 것이라고 주장합니다.

 이 세 가지 주장 가운데 어느 것이 정확한지는 아직 결론짓지 못했지만, 이런 신라의 신궁 제도는 일본에도 영향을 미쳤습니다. 일본은 6세기에 일본 왕가의 시조인 천조 대신의 제사를 지내는 '이세신궁'을 만들었는데, 이것이 곧 신라의 문화를 본받은 것입니다.

제22대 지증왕실록

신라를 새롭게 변화시킨 지증왕

1. 지증왕 (437~514)

신라 제22대 왕(재위 기간 500~514)으로 눌지왕의 동생 미사흔의 손자다. 국호를 신라로 정하고 왕이라는 칭호를 처음 사용했다.

신붓감을 찾아 나선 지증왕

지증왕¹은 매우 특이한 이유 때문에 역사적으로 유명해진 왕이다. 그는 체격이 매우 컸는데, 특이하게도 생식기가 1자 5치, 즉 45센티미터나 되었다. 지증왕은 생식기가 너무 커서 심각하게 고민했다. 무엇보다 지증왕의 부인이 될 수 있는 여자가 없었다. 그것은 곧 왕이 자손을 낳지 못한다는 뜻이었다.

신하들은 이 문제를 어찌하면 좋을지 자주 의논하곤 했다.

"어서 빨리 왕비가 될 여인을 찾아야 합니다."

"그렇습니다. 이대로 가면 왕께서 후손을 갖지 못할 것이니 이보다 더 큰 근심이 어디 있습니까?"

"왕께서 계속 외로이 지내시는 것도 우리 신하들이 두고 볼 일이 결코 아닙니다."

"어떻게 해야 하겠습니까?"

"우선 온 나라에 사람을 보내 왕과 부부의 인연을 맺을 만한 여인을 샅샅이 찾아보도록 합시다."

신하들은 왕비가 될 만한 사람을 찾기 위해 여러 지방에 사람을 보냈다. 하지만 왕과 어울릴만한 여인을 찾기는 쉽지 않았다. 그러다가 모량부에서 왕비 될 사람을 찾던 사람이 동로수 나무 아래에서 쉬다가 엄청나게 큰 똥 덩어리를 발견했다.

분명히 사람의 똥인데 크기가 보통 사람 것과는 비교할 수 없을 만큼 컸다. 크기는 북 하나만 하고 개 두 마리가 똥 덩어리의 두 끝을 물고 서로 다툴 정도였다.

"이렇게 크게 변을 보는 사람이라면 엄청난 거인이겠구나. 혹시 똥의 주인이 여자라면 왕의 부인이 될 수도 있겠군."

그는 똥눈 사람을 찾기 위해 마을 사람들에게 묻고 다녔다. 그러자 웬 여자 아이 하나가 나와서 이렇게 말했다.

"이 마을 재상 댁 따님이 여기 와서 빨래를 하다가 숲 속에 들어가 눈 똥입니다."

그는 여자 아이가 말한 재상집을 찾아갔다. 과연 재상의 딸을 보니 키가 자그마치 7척 5치, 곧 2미터 25센티미터쯤이나 되는 엄청난 거인이었다.

"옳거니, 이 여인이야말로 왕과 어울릴 듯하다. 당장 왕께 말씀드려야겠다."

그는 그길로 지증왕에게 이 사실을 알렸다. 지증왕은 이 말을 듣고 매우 반가워했다.

"오호, 그런 여인이 있었단 말인가? 당장 수레를 보내 그 여인에게 혼인을 청하도록 하라."

이렇게 해서 지증왕은 그 여인을 왕비로 맞아들였으니, 그녀가 지증왕의 대를 이어 왕위에 오르는 법흥왕의 어머니, 연제부인이다.

이것은 《삼국유사》에 나오는 이야기다. 그런데 정말로 지증왕의 생식기가 무척이나 컸을까? 사실 이 이야기를 그대로 믿기는 어렵다.

어쩌면 왕의 강력한 권위를 내세우기 위해 커다란 생식기 이야기를 지어낸 것일지도 모른다. 본래 남자의 생식기는 오래전부터 권력의 상징으로 여겨지곤 했기 때문이다. 이것은 지증왕이 왕의 권위를 세우며 신라 사회의 여러 제도를 고치고 만들 만큼 위대한 왕이었다는 것을 뒷받침해 주는 일화라 하겠다.

신라를 새롭게 변화시키다

지증왕은 눌지왕의 동생 미사흔의 손자이며, 소지왕의 6촌 동생이었다. 지증왕은 500년에 소지왕이 세상을 떠나자 왕의 자리에 올라 신라 제22대 왕이 되었다.

그런데 왕위에 오를 당시 지증왕의 나이는 이미 예순네 살이었다. 그가 소지왕에 이어 왕이 된 것은 소지왕에게 태자가 없었기 때문이다.

신라에서는 왕이 태자를 얻지 못했을 때 그 자리를 대신할 사람을 뽑아서 '부군'이라는 직위를 내렸다. 부군은 태자는 아니지만 왕위를 잇기 위해 준비하는 사람이다. 지증왕은 부군이 되어 예순네 살이 될 때까지 착실하게 왕이 될 준비를 했다. 그리고 오랜 세월 동안 준비한 만큼 어떻게 나라를 다스릴지에 대해서 누구보다 많은 생각을 했다. 그리하여 왕위에 오르자마자 신라를 새롭게 단장하고 여러 제도를 만들었다.

"앞으로는 신라에서 순장을 금지하도록 하라."

순장이란 왕족이나 귀족이 죽었을 때 노비들을 산 채로 함께 묻는 전통적인 풍습이었다. 당시에 노비는 사람 취급을 받지 못했고 소나 말과 같은 재산으로 여겼기 때문에 얼마나 많은 노비를 순장하는가에 따라 죽은 자의 신분이나 귀한 정도를 알 수 있었다.

신라의 왕족과 귀족 사회는 지증왕 이전까지 이 풍습을 따르고 있었기 때문에 귀족들은 지증왕의 명령에 반발했다.

"사람은 귀한 자와 천한 자가 따로 있고, 귀한 자의 무덤에는 당연히 노비들이 함께 묻혀야 하는데 순장을 없애라니 무슨 말씀이십니까?"

"순장은 왕족과 귀족의 존엄을 지켜 주는 오래된 풍습인데 이를 없애자고 하시니 무슨 까닭인 줄 모르겠습니다."

하지만 지증왕의 생각은 변함이 없었다.

"사람은 살아서 농사일도 하고 자손도 퍼뜨려 나라를 부강하게 하는데 왜 산 사람을 죽은 사람과 함께 무덤에 넣어야 한다는 말인가? 더 이상 아무 말 하지 말고 순장을 금지하도록 하라!"

이때부터 신라에서 순장이 사라졌다. 순장을 없애고 난 뒤 지증왕은 농사에 신경 썼다.

"모든 신하와 지방의 귀족 들은 농사를 더욱 중요하게 생각하고 백성들이 농사를 잘 짓도록 격려하라."

순장을 없애고 농사를 중요하게 여긴 것은 지증왕이 매우 현실적인 사람이라는 사실을 말해 준다. 그는 신라의 오래된 풍습을 지키는 것보다 현실적인 노동력과 농사를 더욱 중요하게 생각했다. 지증왕은 한발 더 나아가 농사일을 더욱 효과적으로 할 수 있는 방법도 연구했다.

"농사가 더 잘되도록 할 방법이 없을까? 농사를 지으려면 일단 곡괭이로 땅을 일구어 농토를 만들어야 하는데, 이 일을 소와 같은 짐승에게 시키면 어떨까?"

지증왕은 소를 이용해 밭을 가는 법을 전국에 퍼뜨렸다. 소나 말은 사람보다 몇 배나 많은 일을 해 전보다 훨씬 많은 밭을 갈 수 있었다.

다음으로 지증왕은 나라의 품위를 높이기 위해 다음과 같은 명령을 내렸다.

"앞으로 우리나라를 신라로 통일시켜 부르도록 하라."

그때까지 신라는 계림, 서라벌, 신라 등 여러 가지 이름으로 불렸다. 그래서 지증왕은 나라 이름을 하나로 통일해 '신라'로 부르게 했는데, '신라'는 '덕업이 나날이 새로워져 사방을 모두 덮는다.'라는 뜻이었다. 당시 동아시아의 국제 언어는 한자였기 때문에 나라 이름도 한자로 만들어 나라의 품격을 국제적으로 높였다.

지증왕은 신라의 국제적 품위를 높이기 위해 또 다른 명령도 내렸다.

"앞으로 마립간 대신 왕이라는 호칭을 쓰도록 하라."

신라는 나라를 다스리는 임금님을 거서간, 이사금, 마립간 등으로 불러 왔는데 이는 고대 족장을 부르는 말에서 생겨났다. '왕'은 동아시아에서 국제적으로 쓰이는 말이었으므로 지증왕은 스스로 국제적 위상을 높인 것이다.

신라를 새로 단장한 지증왕의 현실적인 정치는 여기서 그치지 않았다. 그는 신하들을 불러 모아 나라의 질서를 세우고 더 잘 다스릴 수 있는 방법을 물었다.

"나는 우리나라의 이름과 왕의 호칭을 국제적 수준에 맞게 바꾸었고, 이제 더 튼튼한 나라를 만들고자 한다. 나라가 튼튼해지려면 나라의 질서가 바로잡혀야 하는데 경들의 생각은 어떠한가?"

"그렇습니다. 지금 우리나라에서는 지방마다 장사지내는 예절이 달라 제각각인데 이를 바로잡아야 합니다."

"좋은 생각이다. 왕실에서도 장사를 지낼 때마다 기준이 없어 곤란했다. 장사를 지낼 때 입는 옷을 모두 똑같이 하고 장사지내는 방법도 법으로 정해서 발표하도록 하라."

"왕실의 권위를 세우기 위해서는 지방을 잘 관리하는 것도 중요할 듯합니다."

"그렇다. 전국을 주와 군으로 나누고 경계를 분명히 하라. 또한 군을 다스리는 사람을 군주로 삼고 왕실의 뜻대로 지방을 다스리도록 하라."

'군주'라는 말은 지증왕 때 처음 썼는데, 왕의 권력이 지방 구석구석까지 미치게 되었음을 뜻한다.

그리고 지증왕은 한여름에도 얼음을 넣어 둘 수 있는 석빙고를 관리하는 관청을 따로 만들었으며, 배로 고기를 잡거나 무역을 하는 모든 활동을 관리하는 제도를 만들었다. 그리고 금성에 큰 시장을 열어 전국의 물품이 거래될 수 있도록 했다.

이처럼 지증왕은 육지의 농토에서 배가 오가는 바다까지 질서 있게 관리했으며 상업에까지 신경 써서 나라를 훨씬 효율적으로 다스릴 수 있게 했다.

뿐만 아니라 집집마다 울타리를 치고 산 어귀에 함정을 만들어 산짐승에게 입는 피해를 줄이도록 했다. 당시 신라에는 곰이나 호랑이, 늑대 등 사나운 짐승이 자주 나타나 사람을 공격하곤 했는데, 이런 문제까지 나라가 나서서 해결했다.

예순네 살이 될 때까지 부군으로 있으면서 나라 다스릴 준비를 해 온 지증왕은 이처럼 현실적이고 구체적인 개혁을 끊임없

이 실시해 성공시켰다. 그가 성공적으로 나라를 새롭게 단장할 수 있었던 것은 운 좋게도 별다른 천재지변이나 전쟁이 거의 없었기 때문이다. 또한 신라의 왕권이 안정되어 있어 누구도 권력을 위협하지 못한 것도 큰 몫을 했다.

이사부의 우산국 정벌

지증왕은 나라를 새로 단장했을 뿐만 아니라 중요한 지역의 영토를 넓히기도 했다. 먼저 왕이 된 지 15년이 되던 해에 아시촌에 백성들을 이주시켜 영토를 넓혔다.

아시촌은 경상남도 함안 지역인데, 이곳은 본래 아라가야의 땅으로 '임나'로 불렸다. 임나는 함안을 중심으로 해서 남서쪽으로 섬진강까지 이어져 있었는데, 백제의 동성왕이 488년 섬진강 주변의 임나 땅을 강제로 차지하는 일이 벌어졌다. 이 일로 백제와 가야는 사이가 굉장히 나빠졌고, 가야는 백제를 멀리하고 신라와 가깝게 지냈다.

신라는 가야를 지켜 주는 척하면서 사실상 임나 지역을 관리했다. 지증왕이 이곳에 백성들을 이주시켜 살도록 한 것은 아예 가야 땅을 신라 땅으로 만들기 위해서였다.

그 밖에도 지증왕 시절에 일어난 중대한 사건은 이사부[2]가 우산국을 정벌한 것이다. 우산국은 오늘날 울릉도와 독도인데, 신라 지증왕 시절에 이곳을 차지했다는 것은 매우 중요한 뜻을 지니고 있다.

2. 이사부 (?~?)
신라 때의 장군으로 512년 가야와 우산국을 정벌했다. 고구려, 백제의 여러 지방을 공격해 신라의 땅을 넓혔다. 성은 박(朴)씨이며, '태종'이라고도 부른다.

본래 울릉도와 독도 지역에는 '우산국'이라는 작은 나라가 있었다. 신라는 작은 나라들을 차츰차츰 합치면서 커진 나라인데, 유독 우산국은 신라의 말을 잘 듣지 않았다.

"신라 놈들이 제아무리 강하다 해도 바다 건너에 있는 우리 우산국에 군대를 몰고 올 수 있겠어? 그리고 신라 놈들이 온다고 해도 별수 없을 거야."

우산국 사람들은 우산국이 바위섬으로 이루어진 험한 땅이기 때문에 신라 군이 와도 별 힘을 쓰지 못할 것이라고 안심하고 있었다. 이러한 우산국을 눈여겨본 것은 하슬라(강릉)주 군주인 이사부였다.

"우산국이 우리나라에 항복하지 않고 거만하게 구는 것을 보고만 있을 수 없다. 우리나라의 위신을 세우기 위해서라도 우산국을 가만두어서는 안 된다."

하지만 우산국 정벌은 쉬운 일이 아니어서 이사부의 아랫사람들은 그 점을 걱정했다.

"장군, 우산국이 거만하다고 하나 바닷길이 너무 멀어 어찌하겠습니까?"

"장군, 바닷길이야 배를 타고 건넌다고 해도 사납고 거친 우산국 사람들은 쉽게 항복하지 않을 것입니다."

이사부는 아랫사람들의 말이 옳다고 여기고 꾀를 내야겠다고 생각했다.

"그것은 나도 잘 알고 있다. 배를 타고 우산국까지 가서 전쟁을 벌이는 것은 쉬운 일이 아니다. 내게 다른 생각이 있다. 나무

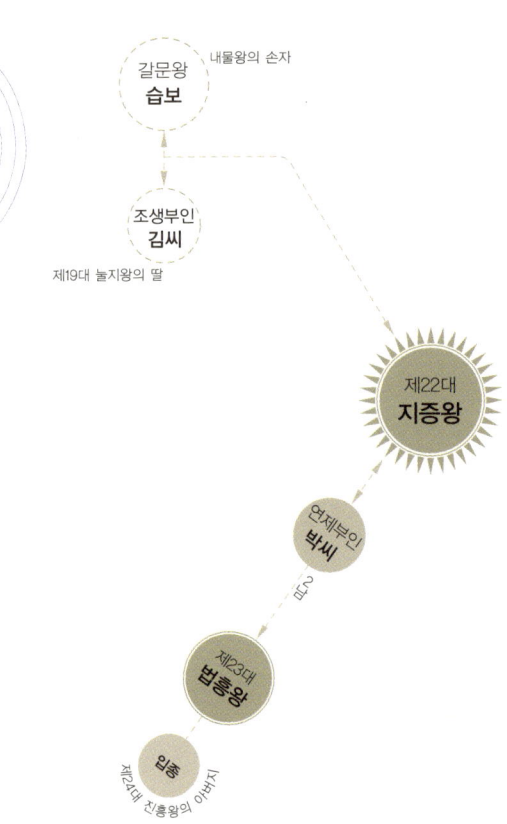

로 사나운 짐승 모양을 만들도록 하라. 되도록 크고 무시무시해야 하느니라."

이사부는 우산국 사람들이 한 번도 본 적 없는 무시무시한 맹수 모양의 허수아비를 잔뜩 만들어 배에 싣고 우산국으로 갔다.

마침내 우산국 앞바다에 이르자 우산국 사람들은 콧방귀를 뀌면서 이사부를 비웃었다.

"신라 놈들이 또 찾아왔구나. 백날 와 봐야 소용없다니까."

그러자 이사부는 나무로 만든 맹수를 우산국 사람들이 다 보도록 내놓으면서 소리쳤다.

"만약 너희들이 항복하지 않는다면 이 맹수들을 모두 풀어 너희들을 다 없애 버리겠다!"

우산국 사람들은 한 번도 본 적 없는 무시무시한 짐승을 보고 모두 겁에 질렸다. 크고 사나운 짐승들이 우산국에 들어오면 막아 낼 수 없을 것 같았다. 결국 우산국 사람들은 신라에 항복했다. 이사부는 이렇게 신라에 오랫동안 무릎 꿇지 않는 우산국을 항복시켜 신라의 영토를 넓히고 바다까지 차지했다.

신라사 깊이 읽기

신라에도 의학 책이 있었을까?

허준이 지은 《동의보감》은 동양 의학에서 중요하게 여겨지는 뛰어난 책입니다. 이 책은 허준이 조선 광해군시대에 완성한 것인데, 《동의보감》 이전에도 《향약집성방》과 같은 의학 책이 있었습니다. 이런 책들은 중국 고대의 《황제내경》을 바탕으로 만들어졌습니다.

그렇다면 신라시대에도 의학 책이 있었을까요?

물론 신라시대에도 의학 책이 있었습니다. 그리고 그 가운데 일부는 지금도 내용이 전해지고 있습니다.

일본 의원 가운데 '단파'라는 사람이 있었는데, 그는 《백제신집방》과 《의심방》이라는 의학 책을 펴냈습니다. 이 두 책은 984년에 만들어졌는데, 《의심방》 속에는 신라 의학 책에서 발췌한 내용이 나옵니다. 단파는 《신라법사방》이라는 책에서 두 곳, 《신라법사유관비밀요술방》이라는 책에서 두 곳을 발췌해 소개했습니다.

《신라법사방》에서 발췌한 첫 번째 내용은 약을 먹을 때 외우는 주문입니다. 즉, 주문을 외워서 병을 치료하는 방법을 소개한 것입니다. 이런 주문은 원래 고대 인도에서 유행했는데, 이것이 불교와 함께 신라에 전해진 것으로 보입니다. 따라서 신라시대에는 주문을 외워 병을 치료하는 방법이 널리 이루어졌던 것으로 생각됩니다.

《신라법사방》에서 발췌한 두 번째 내용은 '속수자'라는 약초로 '적취'라는 병을 치료하는 내용입니다. 이는 중국 남조시대 양나라의 도홍경이라는 사람이 수집한 《명의별록》이라는 책에 소개되어 있는 치료법입니다.

《신라법사유관비밀요술방》에서 발췌한 두 가지 치료법 가운데 첫 번째는 불교에서 독특하게 병을 고치는 방법이 소개되어 있고, 두 번째는 '노봉방'이라는 약을 써서 병을 고치는 방법이 소개되어 있습니다. 이 치료법은 주로 승려들이 많이 썼습니다.

따라서 신라의 의학은 스님들에 의해 발전되고 유지되었음을 알 수 있습니다.

제23대 법흥왕실록

가야를 차지하고 불교를 일으킨 법흥왕

가야를 차지하다

법흥왕은 지증왕의 맏아들로 키가 7척이고 성품이 너그러워 사람들이 좋아했다고 한다. 그는 514년 7월 지증왕이 세상을 떠나자 왕이 되었지만, 이미 소지왕 시절에 왕위를 잇기로 결정되어 있었다. 그래서 법흥왕은 지증왕 시절부터 나랏일에 많은 영향을 미쳤다. 지증왕이 활발하게 진행한 제도 개혁도 도왔을 것이다.

법흥왕은 왕이 되고 난 뒤 지증왕의 뒤를 이어 적극적으로 신라의 제도를 고쳤다. 그는 관리들이 입는 옷을 붉은색과 자주색으로 나누어 등급을 구별하도록 했으며 병부를 만들어 군사 일을 맡아 보도록 했다. 효율적으로 명령을 전달하고 질서를 세우기 위해서였다.

법흥왕시대의 세계 약사

중국 남조에서는 502년 제나라가 멸망하고, 양나라가 세워졌다. 그러자 양나라와 북위 사이에 패권 다툼이 이어졌다. 양나라는 위나라를 계속 공격해 526년 북위의 수양을 손에 넣었다. 534년, 반란이 일어나 북위는 동위와 서위로 나누어졌다.
동로마에서는 유스티니아누스 1세가 즉위해 '유스티니아누스 법전'을 완성하고, 반달 왕국을 멸망시켜 세력을 넓혔다. 프랑크도 부르군트 왕국을 병합해 동로마와 더불어 양대 축을 형성했다.

또한 '상대등'이라는 벼슬을 만들어 오늘날의 국무총리나 수상처럼 나랏일을 책임지도록 했다. 이는 신하들 가운데 으뜸인 신하를 내세워 신라의 강력한 귀족 세력과 나랏일을 함께 하기 위한 방법이었다.

이렇게 나라를 다스리는 제도를 고친 것은 신라 사회가 그만큼 복잡하고 이를 다스리는 왕의 권력이 강해졌다는 뜻이다. 법흥왕은 이러한 흐름을 이끌면서 더 큰 야망을 품었다. 그는 나날이 약해져 가는 가야를 차지할 생각을 했다.

그러던 어느 날, 법흥왕이 신하들을 불러 말했다.

"가야는 한때 우리 신라에 도전하기도 했고 왜와 더불어 우리나라에 쳐들어오기도 했다. 하지만 이제 우리 힘이 강해져 가야를 차지할 수 있다고 생각하는데, 경들의 생각은 어떠한가?"

"옳은 생각이십니다. 가야는 지금 왜와 백제, 우리나라의 무역이 이루어지는 중요한 곳입니다. 그곳을 차지하면 우리의 힘은 더욱 강해질 것입니다."

"그렇습니다. 또한 가야를 차지하면 서쪽으로 더 뻗어 나갈 수 있으며 백제의 힘도 누를 수 있습니다."

법흥왕은 고개를 끄덕이며 말했다.

"그렇지. 내 생각도 같도다. 요즘 가야의 사정이 어떤지 말해 보아라."

"잘 아시는 것처럼 수로왕[2]이 다스리던 여섯 가야가 흩어진 것은 오래되었습니다. 이들이 옛날처럼 다시 뭉칠 가능성은 없

---

1. 법흥왕 (?~540)
신라 제23대 왕(재위 기간 514~540)으로 지증왕의 맏아들이다. '건원'이라는 연호를 썼으며 국가 체제를 세우는 데 온 힘을 기울였다.

2. 수로왕 (?~199)
가야의 시조다. 하늘에서 김해 구지봉에 내려와 여섯 가야를 세웠다는 여섯 형제의 맏이다.

> **3. 구형왕** (?~?)
> 금관가야의 제10대 왕으로 532년 신라 법흥왕에게 항복했다.

> **4. 이찬**
> 신라의 17개 관등 가운데 두 번째로 높은 벼슬 등급이다.

습니다. 그런 상황에서도 아라가야가 왜를 끌어들여 좁은 땅을 국제 시장으로 만들었지만 지금은 이를 지킬 힘이 없습니다."

"맞습니다. 488년에 백제 동성왕이 가야 땅을 차지했지만 가야는 우리에게 도움을 청했고 우리는 힘들이지 않고 가야 땅에 신라 백성을 옮겨 살게 했습니다."

법흥왕이 말했다.

"하지만 백제가 여전히 가야 땅을 차지하려고 넘보고 있으니 마음을 놓을 수는 없다. 가야를 아예 신라에 합쳐야 겠는데, 방법이 없겠느냐?"

"가야의 왕족을 잘 달래 신라에서 대우해 주기로 약속하고 항복시키는 것이 좋을 듯합니다. 강제로 가야를 차지하려 하면 가야 사람들이 반항하고 백제도 끼어들 것입니다."

"그렇지 않아도 가야가 신라를 가깝게 여기고 있으니 그 방법이 좋겠구나. 그러면 어찌해야 하느냐?"

"가야의 구형왕[3]이 우리를 믿고 안심할 수 있도록 우선 결혼 동맹을 맺는 것이 어떨까 합니다."

"좋다. 그렇게 하자."

법흥왕은 이찬[4] 벼슬에 있는 비조부의 누이를 가야 왕에게 시집보내 결혼 동맹을 맺었다. 가야는 호시탐탐 침략의 기회를 노리는 백제가 두려웠던 터라 결혼 동맹을 기꺼이 받아들였다.

이렇게 가야 왕족을 끌어들인 법흥왕은 524년 9월 직접 가야로 가서 신라 백성들이 살고 있는 땅을 둘러보았다.

이 소식을 듣고 가야의 구형왕이 한걸음에 달려왔다.

"이렇게 직접 찾아 주시니 영광입니다."

법흥왕은 구형왕의 손을 잡으며 말했다.

"가야와 신라는 한 식구나 다름없으니 당연히 직접 와 봐야지요."

그리고 조용히 말을 이었다.

"우리 두 나라를 아예 합치는 것이 어떻겠소? 신라의 든든한 울타리 안에 들어오면 그 누가 감히 가야 땅을 넘보겠소?"

가야 왕은 잠시 생각에 잠긴 듯했다.

법흥왕은 이때를 놓치지 않고 말했다.

"그대의 가족들은 신라에서 가장 귀한 대접을 받을 것이오. 또한 금관가야의 땅을 그대에게 줄 터이니 예전보다 더한 부귀영화를 누릴 것이오. 이렇게 하면 우리는 완전히 한 식구가 되는 것이 아니겠소이까?"

가야 왕은 자신의 지위가 보장된다면 법흥왕의 제안을 거절할 이유가 없었다. 결국 가야의 구형왕은 왕족을 모두 이끌고 보물을 바치며 532년 신라에 항복했다.

이로써 가야의 500년 역사는 끝나고 가야의 왕족은 신라의 귀족이 되어 높은 벼슬을 받았다. 이렇게 되자 신라는 전보다 힘이 훨씬 강해졌다. 법흥왕은 커다란 자신감을 가지고 마침내

5. 선도
자연을 벗하며 정신과 육체를 수양하는 신라의 고유한 종교를 말한다.

스스로를 황제라고 불렀다.

"이제 우리 신라는 황제의 나라임을 선포하노라."

때는 539년, 법흥왕이 왕위에 오른 지 23년이 되는 해였다. 법흥왕은 '건원'이라는 연호를 선포해 539년이 건원 1년이 되었다. 연호는 황제만이 정할 수 있는 연도 계산법이었다.

법흥왕이 연호를 정하고 황제라고 부른 것은 신라가 중국이나 고구려와 같은 강대국과 대등한 힘과 지위를 가지게 되었다는 뜻이다. 바야흐로 신라가 한반도에서 가장 강한 나라가 되는 날이 점점 가까워지고 있었던 것이다.

흰 피를 흘리며 죽은 이차돈과 신라 불교

법흥왕은 '법을 흥하게 한 왕'이라는 뜻이다. 여기서 말하는 법이란 불법, 즉 불교다. 법흥왕은 신라 사람들이 불교를 믿게 만들고 싶었다. 하지만 신라에는 오래된 전통의 '선도'가 자리 잡고 있었기 때문에 쉬운 일이 아니었다.

신라에 불교를 처음 전한 사람은 눌지왕시대의 묵호자라는 사람이었다. 묵호자라는 이름은 '검은 오랑캐 사람'이라는 뜻으로, 그가 검은 피부의 인도 사람이라는 사실을 미루어 짐작할 수 있다.

불교를 전하기 위해 인도에서 온 묵호자는 당시 신라가 불교를 금지했기 때문에 일선(경상북도 선산) 지방에 사는 '모례'라는 사람의 집 안에 땅굴을 파고 숨어 있었다.

묵호자가 땅굴에서 나와 불교를 널리 알릴 수 있었던 것은 중국에서 들여온 향 때문이었다. 그 무렵 중국 양나라에서 승려 원표를 보내 불경과 불상, 향을 가지고 왔다. 하지만 신라에서는 향이 무엇인지 아는 사람이 없었다. 그래서 사람을 시켜 향이 무엇에 쓰는 물건인지 묻게 했는데, 묵호자가 이것을 보고 대답했다.

"이것은 향이라고 합니다. 향을 태우면 신비한 향기가 나는데, 그 향기를 맡으면 사람이 성스러워집니다. 사람이 성스러워진다는 것은 부처를 알고, 부처의 가르침을 알고, 이를 위해 수양하는 승려가 될 수 있다는 뜻입니다. 향을 태워서 소원을 빌면 무엇이든 이루어집니다."

묵호자는 불공을 드릴 때 사람의 정신을 맑게 해 주는 향에 대해 설명하면서 불교를 퍼뜨렸다. 그때 마침 신라의 왕녀가 병에 걸렸는데, 묵호자가 향을 피우고 빌었더니 왕녀의 병이 씻은 듯이 나았다. 눌지왕은 매우 기뻐하며 묵호자에게 귀한 선물을 내렸다.

이렇게 묵호자가 처음 신라에 전한 불교를 더 널리 퍼뜨린 사람은 인도의 승려 아도[6]였다. 신라에서 몇 년 동안 불교를 퍼

6. 아도 (?~?)
제21대 소지왕 때 묵호자와 마찬가지로 '모례'라는 사람의 집으로 찾아왔다는 승려. 《고승전》에 그를 서축 사람으로 기록한 것을 보면 아도 묵호자와 같은 인도 승려였을 것으로 추정된다. 《삼국유사》에서는 묵호자와 같은 인물로 추정하고 있다.

뜨린 아도 덕에 불교를 믿는 신라 사람들이 점점 늘어났다.

법흥왕도 불교에 큰 관심을 가졌다.

"부처의 가르침이 매우 오묘하고 신비롭구나."

특히 법흥왕이 눈여겨본 것은 '부처'라는 존재였다. 신라의 전통적인 선도에서는 특별히 신과 같은 존재를 두지 않았다. 법흥왕은 이와 달리 신과 같은 '부처'를 섬기는 불교의 특징을 정치에 끌어들이고 싶었다.

"백성과 신하들이 부처를 섬기듯이 왕을 섬기면 왕의 힘이 훨씬 강해지지 않겠는가? 그리고 부처가 나라를 지켜 준다고 하면 사람들을 다스리기에도 좋을 것이다."

하지만 신라의 귀족들은 오랫동안 선도를 받들어 왔기 때문에 불교를 받아들이게 하는 것은 쉬운 일이 아니었다. 법흥왕이 이 문제로 고민에 빠져 있을 때 나선 사람은 이차돈[7]이었다. 그때 그의 나이는 스물두 살이었으며 법흥왕의 비서 역할을 하고 있었다.

"폐하, 소신의 목을 베어 사람들이 불교를 믿고 따르게 하소서."

이차돈의 말에 법흥왕은 깜짝 놀라 물었다.

아도화상 사적비

신라에 불교를 전한 아도화상의 행적을 기록해 놓은 비로, 조선 효종 6년(1655년)에 세워졌다.

경상북도 구미시 해평면

"그것이 무슨 말이냐?"

"소신이 불교를 받아들이자고 나서면 신하들이 저를 죽이려 할 것입니다. 저는 죽음으로써 부처님의 가르침이 신비하다는 사실을 보여 줄 터이니 저를 희생시켜 폐하의 뜻을 이루소서."

하지만 법흥왕은 거절했다.

"내가 너를 아끼고 사랑하는데 어찌 죽일 수 있겠느냐? 그런 말은 그만두어라."

이차돈은 자신의 뜻을 굽히지 않았다.

"만약 신라에 부처님의 가르침이 널리 퍼진다면 소신이 죽더라도 전혀 후회하지 않을 것입니다."

그래도 법흥왕은 고개를 저었다. 그러자 이차돈은 더 간곡하게 말했다.

"폐하께서 불교를 받들고자 하는 것은 나라를 위한 일이 아닙니까? 나라를 위해 몸을 희생하는 것은 신하의 도리입니다. 제발 저의 뜻을 받아 주십시오."

"하지만 어떻게 죄도 없는 너를 죽이겠느냐? 생명은 귀한 것이다."

"물론 생명보다 귀한 것은 없습니다. 하지만 만약 제가 오늘 저녁에 죽는다면 부처님의 가르침이 온 세상에 퍼져 폐하의 앞길이 평안하실 것입니다."

그 말에 법흥왕은 크게 감동했다.

"네가 비록 어리지만 마음 씀씀이가 하늘과 바다를 덮고도 남겠구나. 큰 뜻을 위해서 네가 하자는 대로 하마."

7. 이차돈 (506~527)

신라의 승려로, 한국 불교 사상 최초의 순교자다. 성은 박(朴)씨이며 자는 염촉이다.

법흥왕은 곧 신하들을 불러 모았다.

"이 나라에서 부처님의 가르침을 떠받들고자 하는데, 경들의 생각은 어떠한가?"

그러자 예상대로 신하들이 펄쩍 뛰며 한목소리로 반대했다.

"요즘 불교를 받드는 중들을 보면, 머리를 깎고 이상한 옷을 입었으며 말하는 것도 괴상하니 확실히 요사스럽다고 할 수 있습니다. 만약 그들을 그냥 놔두면 분명히 후회할 일이 생길 것입니다. 신들은 비록 큰 벌을 받을지라도 그 같은 말씀은 따를 수 없습니다."

그때 왕 옆에 서 있던 이차돈이 나섰다.

"폐하, 지금 여러 신하들이 하는 말은 옳지 않습니다. 불교의 가르침은 훌륭해 믿지 않을 수 없습니다."

그 말에 신하들이 모두 이차돈을 비난했다.

"무슨 헛소리를 하는 것이냐? 폐하, 저런 놈이 궁에 있어서는 안 됩니다. 당장 목을 쳐야 합니다."

"그렇습니다. 요망한 불교 따위를 섬기는 자가 감히 이 자리에서 불교를 감싸고 돌다니요. 당장 처형해야 합니다."

신하들이 아우성치자 왕이 이차돈에게 말했다.

"여러 신하들의 의견이 너무 강하니 이를 꺾을 수 없고, 너만 다른 주장을 하니 두 편을 모두 따를 수가 없구나."

마침내 법흥왕은 이차돈의 목을 베게 했다. 이

이차돈순교비

불교의 융성을 위해 순교한 이차돈을 추모하기 위해 818년에 세워진 비석이다. 이차돈의 순교 장면이 조각되어 있다.

국립경주박물관 소장

차돈은 처형장으로 끌려가면서 마지막으로 기도를 하며 이렇게 예언했다.

"부처님의 신비로운 힘으로 내가 죽고 난 뒤 이상한 일이 벌어질 것이다."

이차돈의 목을 치자 그 자리에서 우유처럼 흰 피가 솟구쳐 올랐다. 또한 갑자기 하늘이 어두워지고 땅이 울리면서 빗방울이 꽃잎처럼 흩날렸다.

그 소식을 들은 법흥왕은 슬퍼하며 눈물을 흘렸고, 신하들은 두려워하며 다시는 불교를 헐뜯지 못했다. 법흥왕은 이듬해에 불교가 정식으로 신라에 퍼질 수 있도록 했다. 그 뒤 신라에서는 왕실이 앞장서서 불교를 떠받들고 널리 퍼뜨려 불교가 크게 일어났다.

신라의 불교는 단순히 부처의 가르침을 따르고 불공을 드리며 수양하는 종교가 아니었다. 나라를 지키고 백성을 이끌어 주며 왕실을 보호하는 종교였다. 신라 왕실은 불교를 통해 더욱 강력한 힘으로 나라를 다스릴 수 있었다.

이처럼 불교가 왕의 힘을 크게 키우는 데 쓰인 사실을 볼 때,

이차돈이 흰 피를 흘리며 죽었다는 이야기도 신라 왕실이 지어냈을 가능성이 높다. 더구나 이차돈이 법흥왕과 미리 짜고 스스로 희생했다는 기록으로 보아, 이 사건이 법흥왕이 불교에 반대하는 귀족들이 별말을 하지 못하도록 만들어 낸 일이라고 할 수 있다.

연인의 딸을 사랑하게 된 법흥왕

신라시대에는 남녀 사이의 사랑이 어느 때보다도 자유로웠다. 특히 왕들의 사랑 이야기에는 수많은 여자들이 나타나 복잡한 남녀 관계를 보여 준다. 법흥왕도 마찬가지였다.

법흥왕의 첫째 부인은 보도부인 김씨였다. 그녀는 소지왕의 딸로 왕위를 잇기로 한 법흥왕과 일찍부터 부부의 인연을 맺었다. 하지만 두 사람은 사랑과는 전혀 관계없이 맺어진 사이였다. 그래서 법흥왕은 왕비 보도부인에게는 전혀 관심이 없었다.

법흥왕이 사랑한 여인은 벽화부인이었다. 벽화부인은 소지왕이 말년에 사랑하던 절세 미녀였다. 법흥왕은 소지왕이 세상을 떠나자 그녀를 부인으로 맞아들였다.

하지만 법흥왕은 신라 최고의 미녀 벽화를 부인으로 맞아들이고도 또 다른 여인과 사랑에 빠졌다. 그녀는 바로 보도부인 김씨의 동생 오도였다.

"오도야, 너는 너무나 아름답구나. 나를 섬기지 않겠느냐?"

하지만 오도는 법흥왕의 말을 순순히 따르지 않았다.

"폐하, 왕비의 동생인 제가 어찌 그리하겠습니까?"

"서로 사랑하면 그만이지, 그것이 무슨 상관이더냐?"

"폐하, 부디 못난 소녀를 잊으시옵소서."

오도가 법흥왕의 사랑을 받아들이지 않은 것은 사랑하는 사람이 따로 있었기 때문이다. 오도는 위화랑과 사랑하는 사이였다. 위화랑은 벽화부인의 남동생으로 뒷날 신라 화랑도의 초대 우두머리가 된다.

법흥왕은 위화랑과 사랑에 빠진 오도가 자신에게 마음을 열지 않아 답답했다.

'오도는 어찌해서 나의 사랑을 받아들이지 않을까? 온 세상 여자들이 나의 사랑을 받아 부귀영화를 누리려고 안달인데 말이야.'

그러던 중 법흥왕은 마침내 오도가 위화랑을 사랑할 뿐만 아니라 그의 아이까지 임신했다는 소식을 들었다.

'이럴 수가! 오도는 위화랑을 사랑하고 있었구나. 내 마음을 이렇게 아프게 하다니……. 다시는 오도를 찾지 않으리라.'

질투심에 불탄 법흥왕은 오도와 위화랑을 갈라놓으려 했다. 결국 법흥왕은 오도를 위화랑에게서 떼어 놓고 아무에게나 시집보내 버렸다.

오도를 단념한 법흥왕은 그 뒤로 왕비 보도부인과 사이좋게 지내 딸을 얻었다. 그녀가 뒷날 진흥왕을 낳은 지소다.

어느 날, 법흥왕은 또다시 자신의 눈을 사로잡는 아름다운 여인을 발견했다.

"오호, 저 여인이 누구인가?"

왕의 곁을 따르던 신하가 말했다.

"저 여인은 옥진궁주입니다."

"옥진이라면?"

"오도부인과 위화랑의 딸입니다."

법흥왕이 한눈에 반한 그녀는 오도부인의 딸인 옥진이었다.

이제 겨우 10대의 나이였지만 한창 성숙해지며 아름다움을 뽐내기 시작한 옥진은 법흥왕의 마음을 온통 빼앗아 버렸다. 옥진은 이미 박영실에게 시집 간 유부녀였지만 법흥왕은 전혀 상관하지 않았다.

"옥진을 데려와 후궁으로 삼고자 하는데 어찌하면 되겠느냐?"

"옥진에게는 이미 남편이 있으나 후궁 자리를 마다할 까닭은 없을 듯합니다."

"그러면 그냥 데려오면 되겠느냐?"

"옥진의 아비인 위화랑을 달래 뜻을 함께하면 좋을 듯합니다."

"그래? 그러면 위화랑을 데려오라."

법흥왕은 곧 위화랑을 불러 말했다.

"내가 너의 딸을 사랑해 부인으로 맞아들이려 하는데, 그대의 생각은 어떠한가?"

"폐하, 그저 영광일 뿐입니다."

"좋다. 이제부터 나는 그대를 곁에 두고 아껴 주리라."

하지만 이것으로 장애물이 사라진 것은 아니었다. 왕비인 보도부인 김씨는 법흥왕의 이런 행동이 못마땅했다.

'왕께서는 어찌해 저런 어린 계집의 뒤꽁무니나 쫓아다니시는 것일까?'

이런 왕비의 마음을 꿰뚫고 있던 사람은 법흥왕의 어머니 연제태후였다. 연제태후는 아들 법흥왕이 젊은 옥진을 사랑하자 걱정에 빠졌다.

'분명히 왕비가 질투할 것이고 왕도 그런 왕비 때문에 마음이 편하지 않겠구나. 이 일을 어쩐다?'

결국 연제태후는 아들이 젊은 옥진과 마음 놓고 사랑할 수 있도록 해 주려고 보도부인을 불러 말했다.

"왕의 마음이 이미 왕비를 떠난 것 같구려. 이제 왕비는 이 길로 출가해 조용히 지내시는 것이 좋겠소."

보도부인은 그 말에 따라 스님이 되어 절에 들어갔다. 그리고 얼마 뒤 법흥왕은 옥진을 후궁으로 맞았다. 법흥왕은 자신이 사랑하던 오도에게서는 마음을 얻지 못했지만, 결국 그 여인의 딸을 후궁으로 맞아들여 한을 풀었다.

하지만 법흥왕의 사랑은 여기가 끝이 아니다. 법흥왕은 소지왕 때 백제를 방문한 적이 있는데, 그때 백제 동성왕의 딸 보과

신라사 이야기

제23대 법흥왕 가계도

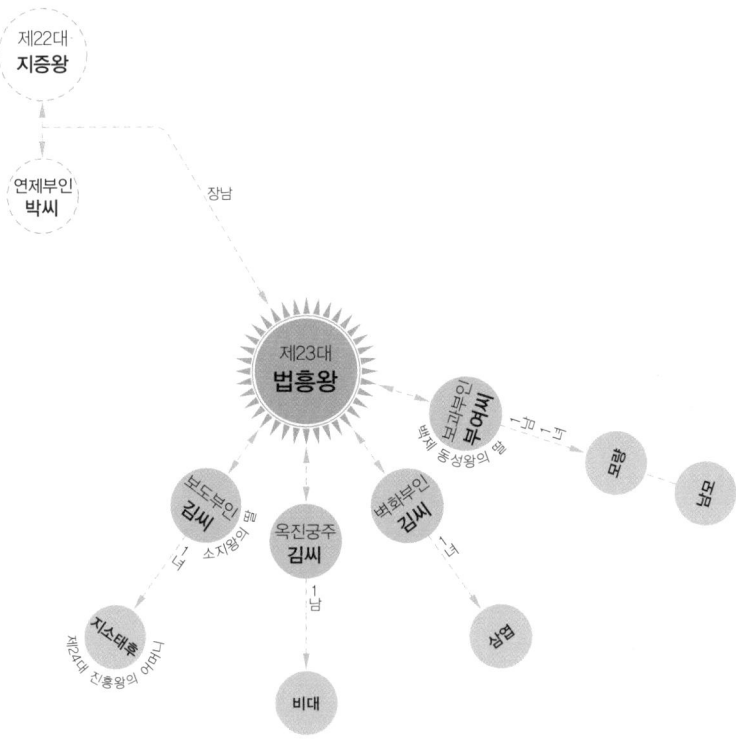

공주와도 사랑에 빠졌다. 나중에 법흥왕의 아이까지 임신한 보과는 백제에서 몰래 빠져나와 신라에 와서 법흥왕의 후궁이 되어 1남 1녀를 낳았다.

　보과 공주가 낳은 딸 남모는 진흥왕 초기에 인재 양성 제도인 '원화(源花)' 제도에서 우두머리인 '원화' 자리를 두고 다투다가 억울한 죽음을 당하게 된다. 그 뒤 원화는 없어지고 인재 양성·수양 단체인 '화랑' 제도로 거듭나게 된다.

신라사 깊이 읽기

신라는 어떤 행정 조직을 갖추었을까?

중앙 조직

신라의 중앙 행정은 법흥왕 이전까지는 부족장이 중심이 되어 이끌었습니다. 그러다가 법흥왕시대에는 병력 관계 일을 맡아 보는 병부가 생기고, 귀족 회의 의장인 상대등 제도가 생기면서 조금씩 제도화되기 시작했습니다.

진흥왕시대에는 관리의 규찰을 맡는 사정부와 국가 재정을 관리하는 품주가 세워졌습니다.

진평왕시대에는 인사 행정을 맡는 위화부, 배와 항해를 맡는 선부, 또 품주에서 공부와 조부가 나누어졌습니다. 그 밖에 수레나 가마 등의 운송 업무를 맡는 승부, 의례와 교육을 주관하는 예부 등이 세워졌습니다.

진덕여왕시대에는 김춘추 등의 친당파가 중심이 되어 당나라 정치 제도를 본떠 행정 조직을 개혁했습니다. 국왕 직속의 집사부, 품주의 기능을 받은 창부, 입법과 형사를 관장하는 이방부를 세운 것도 이때입니다.

그러다 경덕왕시대에는 모든 관부의 이름을 당나라 식으로 바꾸었습니다. 하지만 17년 뒤인 혜공왕시대에 원래대로 복구했습니다.

지방 조직

신라의 지방 조직은 군사 조직과 맞물려 있었습니다. 신라 초기에 지방 조직은 각 부족장이 맡고 있었는데 지증왕시대에 이르러 지방을 주와 군으로 나누었습니다. 큰 성에 세운

주의 장관을 군주, 작은 성에 세운 군의 장관을 당주라고 했으며, 뒷날 군주는 총관과 도독으로, 당주는 태수로 이름이 바뀝니다. 또 작은 규모의 성은 통일기에 이르면 현으로 바뀌고, 그 수령을 현의 등급에 따라 현령 또는 소수라고 불렀습니다.

또한 주군 제도와 별도로 소경 제도도 운영했습니다. 소경은 작은 도성이라는 뜻으로 주와 군의 지배를 받지 않고 바로 도성과 연결된 특별 행정 구역이었습니다.

신라 왕실은 통일한 뒤 중앙 집권화를 위해 노력했고, 그 결과는 9주 5소경으로 나타났습니다. 9주는 중국의 옛 우왕 때 제도를 본뜬 것으로 신라, 백제, 고구려의 옛 땅에 각각 3개 주를 세우고, 주 밑에 군과 현을 세웠습니다. 9주는 북쪽에서부터 한주, 삭주, 명주, 웅주, 상주, 전주, 강주, 양주, 무주이고, 5소경은 북원경(원주), 중원경(충주), 서원경(청주), 남원경(남원), 금관경(김해)을 가리킵니다.

9주 5소경

주군현과 소경 밑에는 촌, 향, 부곡이라는 마을 단위의 행정 구역이 있었습니다. 촌은 양인이 사는 지역으로, 그 우두머리를 촌주라고 했으며, 향과 부곡은 천민이 사는 곳이었습니다. 이 두 지역은 물론 현령의 통제를 받았습니다.

제24대 진흥왕실록

신라의 전성기를 연 진흥왕

신라를 움켜쥔 여인, 지소태후

진흥왕은 법흥왕의 아우 김입종과 법흥왕의 딸 지소태후 김씨 사이에서 태어났으며 이름은 삼맥종이다. 534년에 태어나 일곱 살이 되던 해에 법흥왕이 세상을 떠나자 왕위에 올랐다.

하지만 본래 법흥왕이 왕위를 물려주려던 사람은 진흥왕이 아니었다. 법흥왕은 옥진궁주가 낳은 비대에게 왕위를 넘겨주려고 했다. 법흥왕의 뜻을 바꾸게 한 사람은 진흥왕의 어머니인 지소태후였다.

지소태후는 법흥왕이 비대에게 왕위를 물려주려고 하자 커다란 불만을 품었다.

'한낱 후궁에게서 태어난 녀석이 이 나라의 왕이 될 수는 없

진흥왕시대의 세계 약사

중국에서는 동위와 서위가 멸망하고 북제와 북주가 세워졌다. 한편 남조에서는 진패선이 양을 멸망시키고 진을 세웠다.
이때 서양에서는 동로마제국이 이베리아 반도 해안 지역까지 점령했다. 또 이탈리아를 손에 쥐고 있던 동고트 세력도 동로마에 병합되었다. 유스티누스 2세는 576년 페르시아 원정길에 나섰다. 570년 이슬람교의 시조인 마호메트가 태어났다.

다. 이 일을 어떻게 하면 막을 수 있을까?'

사실 지소태후는 법흥왕의 왕비인 보도부인에게서 태어났으므로 왕의 자리에 오를 사람이었다. 다만 지소태후가 여자이기 때문에 그녀의 남편이나 아들이 왕이 될 수 있었다. 그래서 법흥왕이 비대에게 왕위를 물려주려는 것을 막기 위해 지소태후는 비대의 외할아버지인 위화랑을 이용하기로 했다.

지소태후는 위화랑을 조용히 불러 말했다.

"나는 이 나라의 왕이 되려면 왕족의 순수한 혈통을 이어받은 사람이어야 한다고 생각하는데, 그대는 어찌 생각하오?"

위화랑은 옳고 그른 것이 분명하고 욕심이 없는 바른 성격이어서 지소태후의 말에 고개를 끄덕였다.

"그렇습니다. 아무나 왕의 자리에 오를 수는 없지요."

"그렇다면 비대는 어떠하오? 지금 왕께서는 비대를 임금 자리에 앉히려고 하는데, 비대를 낳은 옥진의 출신이 어떠하오? 한낱 승려의 딸인 오도가 낳은 것이 아니오?"

위화랑은 지소태후의 말을 묵묵히 들었다.

"더구나 옥진은 후궁이 되기 전에 이미 박영실과 결혼한 몸이었으니, 세상 사람들이 과연 비대를 왕의 아들로 생각하겠소?"

그 말대로 비대를 낳은 옥진은 법흥왕의 눈에 들기 전에 이미 결혼한 적이 있었다. 그리고 옥진을 낳은 오도는 소지왕의 왕비였던 선혜부인이 승려 묘심과 바람을 피워 낳은 딸이었다. 옥진은 물론이고 비대 또한 왕족이나 귀족의 혈통을 제대로 가

1. 진흥왕 (534~576)
신라 제24대 왕(재위 기간 540~576)으로 법흥왕의 동생 김입종의 아들이다.

지고 있지 못했다. 이 점을 잘 알고 있는 위화랑은 지소태후의 말에 고개를 끄덕일 수밖에 없었다.

위화랑은 법흥왕 앞에 나아가 말했다.

"폐하, 왕자 비대는 왕위를 이을 자격이 없습니다."

법흥왕은 깜짝 놀라 물었다.

"아니, 그대는 어찌해 외손자를 그렇게 함부로 말하는가? 외손자를 사랑하지 않는가?"

"그렇지 않습니다. 저는 제 딸과 외손자를 사랑합니다. 하지만 그렇다고 해서 자격이 저절로 생기지는 않습니다."

법흥왕은 위화랑이 욕심 없고 바른 성격이라는 사실을 잘 알고 있어 가만히 그의 말을 들었다.

"왕자 비대를 낳은 옥진은 궁궐에 들어오기 전에 이미 결혼한 적이 있을 뿐만 아니라 옥진을 낳은 오도는 승려 묘심의 딸입니다. 비록 비대는 저의 외손자이오나 출신을 보건대, 감히 왕이 될 수는 없습니다."

법흥왕은 비대를 아꼈지만 위화랑이 자신의 외손자인데도 자격이 없다고 주장하자 이를 반대하기가 어려웠다. 그래서 위화랑에게 물었다.

"그러면 누가 왕이 될 자격이 있는가?"

위화랑은 주저 없이 대답했다.

"이 나라 왕실의 혈통을 잇고 있는 분은 폐하의 외손자인 삼맥종이십니다."

그리하여 지소태후의 아들 삼맥종이 왕위에 오르니 그가 신라 제24대 진흥왕이었다. 진흥왕이 왕위에 오르도록 법흥왕을 설득한 것은 위화랑이었지만 그 뒤에는 사실 지소태후가 있었다. 그리고 진흥왕은 왕이 될 당시 일곱 살이었기 때문에 지소태후가 진흥왕을 대신해 10년 넘게 나라를 다스렸다. 신라를 움켜쥔 여인, 지소태후의 시대가 시작된 것이다.

지소태후는 권력을 움켜쥐자 우선 죄인들을 풀어 주고 신하들의 벼슬을 한 단계 올려 주면서 선심을 베풀었다. 그리고 귀족 출신의 젊은 남녀들의 모임인 '선화'와 '원화' 제도를 만들어 인재를 키우는 화랑도로 발전시켰다.

지소태후가 한 일 가운데 가장 눈에 띄는 것은 군대를 손에 넣은 것이었다. 신라는 전통적으로 귀족들이 모여 나랏일을 결정하는 화백 회의[2]에서 군대에 관한 일을 결정했다. 법흥왕이 '병부령'이라는 벼슬을 만들어 군대를 관리하도록 했지만 이 또한 화백 회의를 거쳐야 했다. 지소태후는 이러한 전통을 깨고 왕이 직접 군대를 관리하도록 했다.

때는 541년 3월이었다.

"이사부를 병부령에 임명하노니, 병부령은 나라의 군대를 모

2. 화백 회의

진골 이상의 귀족이나 벼슬아치들이 모여서 나랏일을 결정하던 회의 제도다. 국가에 중대한 일이 있어야 열리고, 전원이 찬성해야만 의견이 통과될 수 있었다.

두 관리하도록 하라."

이에 귀족들은 충격을 받을 수밖에 없었다.

"아니, 이제부터 왕이 나라의 군대를 마음대로 하겠다는 것이 아닙니까?"

"우리 귀족들에게서 힘을 빼앗자는 것이 아닙니까?"

특히 귀족의 대표이며 재상으로서 군대를 관리해 온 상대등은 예전에 비해 힘을 크게 잃었다.

"상대등이시여, 이 일을 어찌합니까?"

하지만 왕실의 힘을 이겨 낼 수 있는 세력은 아무도 없었다. 귀족들의 힘을 누르고 왕의 권력을 강하게 만든 것은 신라에서 꾸준하게 이루어져 온 일이었다.

결국 지소태후는 왕이 군대에 모든 명령을 직접 내릴 수 있게 만들어 어렵지 않게 왕의 권력을 강화했다. 그 뒤 신라는 강력한 왕실의 힘을 바탕으로 군대를 앞세워 영토를 크게 넓혀 갔다. 군대까지 손에 쥔 지소태후는 한반도에서 가장 강한 힘을 가진 여인이 되었다.

불교로 나라를 강하게 만든 신라

549년 봄, 지소태후는 신라의 모든 신하들을 이끌고 나가 누군가를 기다리고 있었다. 귀한 사신이 올 때도 이렇게까지 크게 환영하며 마중한 예는 없었다. 마침내 손님이 도착하자 지소태후는 더없이 반가운 웃음을 지으며 말했다.

"먼 길 오시느라 수고 많으셨소. 이렇게 방문해 주시니 고맙소."

지소태후가 손을 잡고 맞이한 사람은 양나라의 사신이었다. 지소태후는 기대에 부푼 목소리로 또 다른 사람의 손을 잡으며 물었다.

"각덕[3], 수고했다. 불사리는 잘 가져왔느냐?"

각덕은 깍듯이 예를 올리며 말했다.

"부처님의 사리가 이 나라에 왔으니 이제 온 나라가 부처님의 덕으로 가득 찰 것입니다."

"잘했다. 정말 수고했다. 내가 너에게 큰 상을 내리리라."

지소태후가 그토록 기다린 것은 부처님의 사리였다.. 사리는 부처님이 죽고 난 뒤 몸에서 나온 작은 돌멩이 같은 것으로 부처님의 신비로운 덕을 상징했다. 사리는 곧 부처님 몸의 일부로, 사리를 모시는 것은 부처님을 직접 모시는 것처럼 여겨졌다.

지소태후는 승려 각덕을 중국 양나라에 유학 보내 부처님의 사리를 얻어 오게 했다. 뿐만 아니라 565년 9월에는 중국 진나라에서 불경 1,700권을 들여오기도 했다. 신라에서는 법흥왕이 이차돈의 희생을 바탕으로 불교를 받아들였고 지소태후는 불교를 크게 일으키려고 했다.

지소태후는 544년 3월, 신라인이 머리를 깎고 승려가 될 수 있도록 법으로 보장하고 전국 곳곳에 절을 짓기 시작했다. 544년 2월에는 흥륜사를 지어 신라 불교의 중심지로 삼았으며 566

3. 각덕 (?~?)

신라 때 승려로 학문이 깊었다. 우리나라에 최초로 부처님 사리를 들여왔다.

년에는 지원사와 실제사를 지었다.

553년에는 진흥왕이 황룡사를 짓게 했는데, 여기에는 신기한 이야기가 숨어 있다. 본래 황룡사 터에는 절이 아니라 새 궁궐을 짓고 있었다. 어느 날 궁궐을 짓느라 바쁘게 일하던 사람들은 놀라운 것을 보게 되었다.

"아니, 저게 뭐야?"

"용이다. 황룡이 나타났다!"

궁궐을 짓던 터에 황룡이 나타났다는 말은 곧 진흥왕의 귀에도 들어갔다.

"황룡이 나타났다고? 어허, 그곳은 예사로운 터가 아니다. 궁궐 짓는 것을 그만두도록 하라. 그리고 그 터에 부처님을 모시는 절을 짓도록 하라."

진흥왕의 명령에 따라 그 터에는 궁궐이 아니라 절이 지어졌

는데, 그 공사가 13년 동안 계속되어 566년에야 끝났다. 신라 왕실이 직접 나서서 절을 짓도록 했으니, 공사를 하기 위해 매우 많은 사람을 끌어 모았을 뿐만 아니라 여러 분야의 기술자도 모두 데려왔을 것이다. 그런데도 13년이나 걸렸다는 것은 절이 엄청나게 크고 절을 짓는 데 들인 정성도 어마어마하다는 것을 뜻한다. 이렇게 해서 지은 절이 바로 황룡사다.

궁궐을 짓던 터에 황룡이 나타나서 왕이 생각을 바꾸어 절을 짓도록 했다는 이야기는 물론 사실이 아닐 것이다. 용은 나라의 최고 권력을 가진 사람을 상징하는데, 용이 나타난 터에 궁궐 대신 절을 지었다는 것은 신라 왕실이 불교를 최대한으로 떠받들었다는 것을 말해 준다.

진흥왕 시절부터 신라가 불교를 얼마나 높이 떠받들었는지는 진흥왕이 말년에 스스로 머리를 깎고 승려가 되었다는 데서도 알 수 있다. 진흥왕뿐만 아니라 그의 왕비 사도부인도 승려가 되어 절에서 지냈으니 신라는 이때부터 불교 왕국이 되었다고 할 수 있다.

이처럼 신라에서는 왕실이 앞장서서 불교 왕국으로 만들고 불교의 힘을 빌려 백성을 하나로 묶어 강한 나라를 만들었다.

백제의 뒤통수를 치고 영토를 넓히다

불교를 일으켜 나라의 힘을 다지던 신라는 나라 밖으로도 눈을 돌렸다. 당시 신라는

4. 성왕 (?~554)
백제 제26대 왕(재위 기간 523~554)으로 백제 무령왕의 아들이다.

가야를 합치고 나서 기세가 등등할 때였다. 하지만 가야 문제로 백제와 조금 서먹서먹한 사이가 되었다. 본래 신라와 백제는 소지왕 때 결혼 동맹까지 맺어 가깝게 지냈는데 백제가 가야를 공격해 가야 땅을 차지하려고 할 때 가야가 신라에 스스로 합쳤던 것이다.

지소태후도 이런 문제로 걱정이 많았다.

"우리는 이제까지 백제와 손잡고 고구려가 쳐들어오는 것을 막았는데, 요즘 백제와 이렇게 서먹서먹하니 어찌해야 하느냐?"

신하들이 말했다.

"가야 사람들이 백제를 원수처럼 생각하니 그들의 감정도 달래 줘야 할 것입니다. 당분간 가야 사람들을 달래기 위해서는 백제와 예전처럼 가깝게 지내기는 어려울 듯합니다."

이 무렵 백제에는 현실 감각이 뛰어난 성왕[4]이 다스리고 있었다. 성왕 또한 신라와 멀어진 것이 걱정되어 신하들을 불러 모아 말했다.

"신라와 예전만큼 가깝지 않으니 걱정이로다. 경들은 어찌 생각하는가?"

"신라는 우리가 가야와 싸우고 있을 때 가야와 손을 잡았을 뿐만 아니라 이제 아예 한 나라가 되어 버렸으니 섭섭하기 그지없습니다."

"그렇습니다. 신라를 그토록 믿고 있었는데 이렇게 되니 신라에 믿음이 가지 않습니다."

하지만 성왕의 생각은 달랐다.

"국가 사이가 어찌 친형제와 같을 수 있겠느냐? 서로 필요하기 때문에 가깝게 지내는 것이다. 우리나라는 항상 고구려의 위협을 받고 있는데 신라와 손을 잡지 않으면 위험하지 않겠느냐?"

신하들도 고개를 끄덕였다.

"가야의 일은 이미 흘러간 옛일이다. 신라 또한 우리와 멀어지기를 원치 않을 것이니 사신을 보내 다시 화친을 요청하도록 하라."

그리하여 541년 백제 성왕이 보낸 사신이 신라에 도착했다. 지소태후는 백제의 사신이 온다는 말을 듣고 신하들을 불러 모아 물었다.

"백제가 다시 우리와 손을 잡자고 할 것인데 어찌해야 하겠는가?"

"백제와 손을 잡는 것은 우리에게 이득이 됩니다. 하지만 가야 사람들이 백제를 싫어하는 것이 걱정입니다."

"그렇습니다. 비록 나라는 없어졌다고 하나 가야 왕실이 아직 그대로 있는데 그들의 감정도 생각해야 하지 않겠는지요?"

하지만 지소태후는 단호하게 말했다.

"가야 사람들이 불만을 가질 수는 있다. 하지만 언제까지나 그들의 눈치를 보고 있을 수는 없다. 고구려에 맞서 북쪽으로 땅을 넓혀 가기 위해서는 백제와 손을 잡을 필요가 있다. 백제의 사신을 기쁘게 환영하도록 하라."

5. 양원왕 (?~559)
고구려 제24대 왕(재위 기간 545~559)이다.

　그리하여 백제 성왕이 바라던 대로 백제와 신라는 다시 가까워졌다. 백제 성왕이 가야 문제를 잊고 신라와 손잡은 효과는 얼마 지나지 않아서 나타났다. 548년 2월 고구려가 공격해 온 것이다.
　"고구려 군이 쳐들어와서 독산성(경기도 포천)이 포위되었습니다."
　성왕은 이 소식을 듣고 곧바로 군대를 출동시키면서 말했다.
　"신라에 도움을 요청하도록 하라."
　신라의 지소태후는 백제의 요청을 받고 신라 군을 독산성으로 보냈다. 이렇게 되자 고구려는 양쪽에서 공격을 받아 크게 지고 돌아갔다.
　이 사건이 있은 뒤 백제와 신라의 연합군은 자신감을 가지고 고구려를 몰아붙였다. 성왕은 예전에 빼앗긴 백제 영토를 되찾고자 했다.
　"신라 군과 함께 계속 북쪽으로 치고 올라가라. 한성과 도살성을 되찾도록 하라."
　백제가 한성과 도살성을 차지하자 고구려도 가만히 있지 않았다.
　"백제를 그냥 둘 수 없다. 금현성을 공격하라."
　고구려의 양원왕⁵은 금현성을 점령해 앙갚음했다.
　이렇게 백제와 고구려가 서로 밀고 밀리는 싸움을 벌이고 있을 때 지소태후는 몰래 다른 욕심을 가지고 신라 군을 지휘하고 있는 이사부를 불렀다.

"장군, 지금 우리가 백제를 도와 고구려와 싸우고 있는데, 그곳은 어떠하오?"

"승부는 나지 않고 양쪽 군대 모두 지쳐 가고 있습니다."

"그럴 줄 알았소. 이 기회에 우리가 금현성과 도살성을 차지하는 것이 어떻겠소?"

"그렇게 하려면 백제 군도 공격해야 하는데, 괜찮겠습니까?"

"우리가 백제를 공격하려는 것도 아니고 다만 고구려와 다투고 있는 땅을 차지할 뿐인데 백제가 뭐라 하겠소? 백제는 지금 고구려와 싸우느라 우리에게 별말을 못할 것이오. 대신 그 땅을 차지한 뒤에는 계속 백제 군을 도와주도록 하시오."

"네, 알겠습니다."

명령을 받은 이사부는 지쳐 있는 고구려 군과 백제 군을 모두 공격해 금현성과 도살성을 차지했다. 신라가 이렇게 욕심을 드러내자 백제는 놀랄 수밖에 없었다.

"금현성과 도살성을 신라가 모두 차지해 버렸습니다. 이를 어찌해야 합니까?"

하지만 백제의 성왕은 치밀어 오르는 화를 억누르며 말했다.

"지금은 고구려를 밀어내고 예전의 우리 땅을 되찾는 것이 중요하니 신라 군과 다투지 마라."

결국 성왕은 신라의 행동을 모르는 척 넘어갔고 백제와 신라 연합군은 고구려 군을 밀어내고 북쪽 지역의 열여섯 개 군을 차지했다. 이 가운데 열 개 군은 신라가 차지하고 백제는 여섯 개 군을 가져갔다.

6. 돌궐

6세기 중엽부터 약 200년 동안 몽골 고원을 중심으로 활약한 투르크계 민족이다.

사실 이 무렵 고구려는 대륙 쪽에서 쳐들어온 돌궐[6] 군대와 싸우고 있었기 때문에 남쪽의 신라와 백제에 크게 신경 쓸 여유가 없었다. 하지만 돌궐 군을 물리치고 나자 사정이 달라졌다.

고구려의 양원왕은 이를 갈며 말했다.

"이제 남쪽으로 군사들을 보내야겠다. 백제와 신라가 우리 땅을 야금야금 먹으며 기어 들어오는 것을 용서할 수 없다."

당시 고구려는 동아시아에서 가장 강한 나라였기 때문에 마음먹고 병력을 보내면 백제와 신라의 연합군도 당해 내기 어려웠다. 신라의 지소태후는 이런 상황을 놓치지 않고 조심했다. 그리고 고구려가 돌궐과의 싸움을 끝내고 남쪽으로 내려오려는 기미를 보이자 남몰래 고구려에 사신을 보냈다. 지소태후의 명령을 받은 사신은 고구려 왕 앞에 나아가 말했다.

"폐하, 이제 신라는 백제와 손을 끊고 고구려와 힘을 모으려고 합니다."

고구려 왕은 의아한 눈초리로 물었다.

"너희는 백제와 오랫동안 동맹을 맺어 왔는데 무슨 이유로 그 동맹을 끊고 우리와 손을 잡으려 하는가?"

"폐하, 우리 신라는 고구려와 아무런 원한이 없습니다. 그동안 고구려의 골치를 아프게 한 것은 백제이지 신라가 아니지 않습니까? 고구려가 우리와 손을 잡으면 백제가 다시 고구려를 공격할 일은 없을 것입니다."

고구려 입장에서도 신라와 백제의 연합군을 상대하는 것은 쉬운 일이 아니었다. 신라의 말대로 백제가 더 이상 고구려의 남쪽을 건드릴 수 없게 된다면 커다란 골칫거리가 사라지는 셈이었다. 결국 고구려 왕은 신라의 제안을 받아들였다.

이렇게 해서 신라는 고구려 군과 힘을 모아 백제를 공격했다. 신라가 갑작스레 배반하자 백제에서는 난리가 났다.

"신라 군이 우리를 배반하고 고구려와 손을 잡았습니다."

이 소식을 들은 백제 성왕은 매우 당황했다.

"신라가 이렇게 뒤통수를 칠 줄이야……."

신라 군은 당황한 백제 군을 손쉽게 무찌르고 한강 이북의 땅과 한성을 차지했다. 이제 백제와 고구려 국경 사이에 신라가 버티고 있게 되었다.

백제의 신하들은 분통을 터뜨렸다.

"당장 신라를 공격해야 합니다. 이제 동맹은 완전히 끝났습니다."

하지만 성왕은 침착하게 말했다.

"아니다. 신라 군의 기세를 당해 낼 수가 없다. 더구나 고구려와 힘을 합쳤으니 우리가 불리하다."

"그러면 어찌해야 합니까?"

"화가 나더라도 지금은 참아야 한다. 신라에 공주를 시집보내서 다독거려야겠다."

이 말에 신하들은 눈물을 흘리며 말했다.

"우리나라를 공격한 신라에게 공주님을 보내 무릎을 꿇어야 하다니요? 어찌 그럴 수 있습니까?"

성왕은 터져 나오는 울분을 억누르며 말했다.

7. 김무력 (?~?)
가야 구형왕의 셋째 아들로 가야가 신라에 합쳐지면서 각간이 되었고 이후 장군으로 활약했다.

"지금은 그렇게 해서라도 신라 군의 공격을 멈추게 하고 시간을 벌어 반격을 준비해야 한다."

"반격은 어떻게 준비합니까?"

"왜에 사신을 보내 연합 작전을 펼치자고 제안하라. 또한 가야가 비록 신라에 합쳐져 없어졌지만 아직도 신라를 싫어하는 가야 사람들이 있으니, 이들과도 손을 잡도록 하라."

신라에 백제 공주를 시집보내는 것은 항복하는 것과 같았다. 공주를 바쳐 겨우 신라 군의 공격을 멈추게 한 백제 성왕은 조용히 비장한 반격을 준비했다.

마침내 554년 5월, 왜의 수군이 백제에 도착하자 성왕은 신라에 반대하는 가야 사람들까지 끌어들여 신라를 공격했다.

이 무렵 신라에서는 젊은이가 된 진흥왕이 직접 나라를 다스리고 있었다. 진흥왕의 귀에도 백제가 쳐들어온다는 소식이 들려왔다.

"백제가 왜군과 가야 사람들까지 모아서 공격해 오고 있습니다."

"우덕 장군과 탐지 장군이 싸움에서 졌다고 합니다."

신라 군은 울분을 터뜨리며 달려오는 백제 군을 맞아 제대로 맞서 보지도 못하고 무너졌다.

진흥왕은 망설이지 않고 명령했다.

"한강 이북에 있는 김무력[7]의 군대를 불러 함께 싸우도록 하라."

김무력은 가야 왕자 출신으로 신라의 장군이 되어 백제에게 빼앗은 한강 이북의 땅을 지키고 있었다. 가야 왕자 김무력이 공격해 온다는 소식을 듣자 성왕이 말했다.

"가야 왕자의 군대가 오면 우리 병사들이 겁을 먹을 것이다. 내가 직접 전쟁터로 나가서 병사들에게 힘을 북돋아 주어야겠다."

하지만 진흥왕은 이러한 성왕의 움직임을 손금 보듯이 다 알고 있었다.

"백제 성왕이 지나갈 길에 병사들을 숨겨 놓았다가 공격하라."

진흥왕의 작전은 맞아떨어졌다. 성왕의 군대는 신라 군이 숨어 있는지도 모르고 길을 지나다가 갑자기 공격을 받고 무너졌고 성왕 자신도 목숨을 잃고 말았다. 성왕이 죽자 백제 군은 겁에 질려 달아났다. 신라 군은 달아나는 백제 군을 쳐서 약 3만 명의 군사를 죽이는 데 성공했다.

백제의 시련은 여기서 끝나지 않았다. 성왕이 세상을 떠난 지 3개월 만에 고구려가 쳐들어와서 곤경에 빠졌다. 신라는 백제의 위기를 느긋하게 바라보면서 서쪽과 북쪽으로 넓혀 놓은 땅에 관리를 보내 다스리게 했다.

진흥왕 순수비

진흥왕이 한강 유역을 차지한 후 그 업적을 기리기 위해 세운 비석이다. 비문에는 진흥왕의 영토 확장을 찬양하는 내용이 적혀 있다.

국립중앙박물관 소장

> **8. 사다함** (?~?)
> 내물왕의 7대손이며 화랑의 11번째 우두머리다. 가야 정벌에 큰 공을 세웠다.

그리고 진흥왕이 직접 새로 얻은 영토를 돌아보며 국경에 비석을 세웠으니, 이것이 오늘날까지 전해지는 '진흥왕 순수비'다. 신라의 영토는 북쪽으로는 지금의 함경도 지방까지, 서쪽으로는 충청도 지방까지 넓어졌다.

이런 신라에게 이를 갈고 있던 백제는 562년 7월 몇몇 가야 사람들을 부추겨 신라를 함께 공격했다. 하지만 신라 군의 상대가 되지 않았다. 반란을 일으킨 가야 사람들도 신라 장수 이사부와 사다함[8]이 군사 5,000명을 이끌고 와서 겁을 주자 모두 흩어지거나 항복해 버렸다.

이렇게 진흥왕 시절의 신라는 영토를 크게 넓혀 한반도의 거의 절반을 차지했다. 또한 정치, 문화, 사회, 국방의 다양한 영역에서 크게 발전해 전성기로 접어들었다.

화랑도를 만들다

진흥왕은 신라의 젊은 인재를 키워 내는 화랑도를 만들었다. 화랑도는 충성스럽고 능력 있는 젊은이들을 키워 내 신라의 국력에 큰 보탬이 되었다.

화랑 제도는 귀족 자녀들의 모임에서 비롯되었다. 당시 신라에는 귀족 남녀들이 여러 젊은 남성을 거느리는 모임을 가지고 있었는데, 지소태후가 이를 눈여겨보았다.

지소태후는 신하들을 불러 말했다.

"이 나라를 더욱 강하게 만들기 위해서는 젊은 인재들을 나라에서 직접 키워 내야 할 듯한데, 경들의 생각은 어떠하오?"

"태후의 말씀이 옳습니다."

"그래서 말인데, 지금 우리나라에 많이 있는 귀족 자녀들의 모임을 나라에서 직접 관리하려고 하오. 먼저 젊은 남자들의 조직을 만들어 그 지도자를 왕이 직접 뽑아 '선화'라 하고 참선과 무예, 학문을 닦게 하시오."

이렇게 해서 선화 제도가 만들어져 몇백 명의 젊은이들이 평소에는 몸과 마음을 닦고 전쟁이 나면 적극적으로 참가했다.

신라에는 전통적으로 왕의 후궁이나 공주 들이 많은 여자를 거느리고 있었는데, 지소태후는 이를 발전시켜 원화 제도로 만들었다. 지도자인 '원화'는 반드시 왕이 뽑고 왕의 후궁이나 공주 들에게 속한 여자들이 '원화'를 호위하도록 했다.

이러한 선화 제도와 원화 제도를 통해 키워 낸 귀족 남녀들 가운데 능력이 뛰어난 사람은 왕에게 뽑혀 나랏일을 돌보는 인재가 되었다.

화랑은 이 두 단체가 합쳐져서 만들어졌다. 두 단체가 합쳐진 것은 좋지 못한 사건 때문이었다.

원화 제도가 생기고 처음으로 원화에 임명된 사람은 준정⁹이

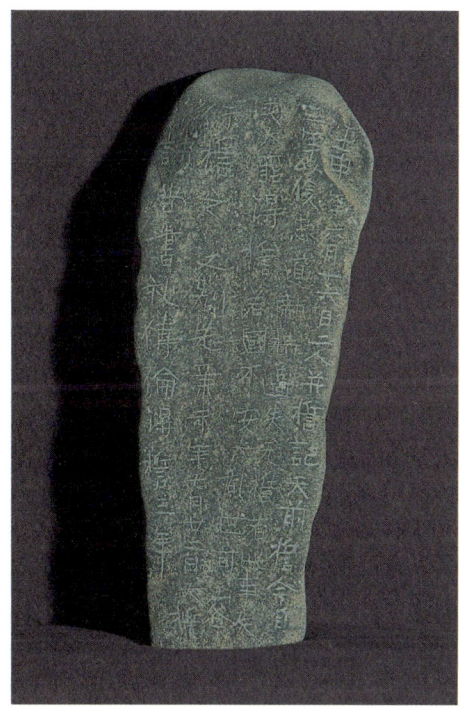

임신서기석

유교 경전을 배우고 익혀 행동에 옮길 것을 맹세하며 새긴 신라 때의 비석이다. 화랑도와 관련이 깊은 자료이다.

국립경주박물관 소장

9. 준정 (?~576)
제1대 원화로 삼산공의 딸이다.

10. 남모 공주 (?~?)
법흥왕과 백제 동성왕의 딸인 보과부인 사이에서 태어난 딸이다.

라는 여자였다. 하지만 지소태후는 준정을 별로 좋아하지 않고, 법흥왕의 딸 남모 공주[10]를 아꼈다.

"준정이 원화가 된 것은 아무래도 못마땅하단 말이야. 남모 공주를 원화로 만들어야겠어."

이 사실을 알게 된 준정은 속이 탔다.

'태후께서는 왜 나를 싫어하고 남모 공주만 좋아할까? 이러다가 원화 자리에서 쫓겨나는 것은 아닐까? 남모 공주를 차라리 죽여 버려야겠어.'

이렇게 마음먹은 준정은 남모 공주를 조용히 불러내 술을 먹인 다음 강에 빠뜨렸다.

이 사건은 곧 지소태후의 귀에 들어갔다. 이를 밝혀내 일러바친 것은 남모 공주를 따르던 여자들이었다.

그러지 않아도 아끼던 남모 공주가 갑자기 죽는 바람에 슬퍼하던 지소태후는 크게 화를 냈다.

"뭣이? 그것이 사실이냐? 당장 준정을 잡아들여라."

준정을 잡아들인 지소태후는 사건의 진실을 모두 밝혀내고 준정을 사형시켜 버렸다. 하지만 사건은 이것으로 끝나지 않았다. 원화에 속한 여자들 가운데에는 준정을 따르던 이들도 있고 남모를 따르던 이들도 있었다. 이들은 서로 헐뜯으며 다투기를 멈추지 않았고 결국 원화는 흩어지고 말았다.

원화가 흩어지자 이에 속해 있던 여자들은 모두 선화에 속하게 되었다. 이때부터 선화는 남녀를 모두 포함했으며, 이를 일컬어 '풍월도'라고 했다. 풍월도의 우두머리는 '풍월주'라고 했는데, 초대 풍월주가 된 사람은 위화랑이었다.

위화랑은 소지왕의 사랑을 받던 벽화부인의 남동생이며, 법흥왕의 사랑을 받던 옥진의 아버지였다. 하지만 단순히 그런 이유로 그가 풍월주가 된 것은 아니었다. 《화랑세기》에는 위화랑의 얼굴이 백옥 같고, 입술은 마치 붉은 연지 같고, 맑은 눈동자와 하얀 이를 가졌다고 기록되어 있다. 또한 성격이 곧고 정의로우며 공평하다고 했다. 준수한 외모에 능력과 인품도 뛰어났던 것이다.

진흥왕은 위화랑을 매우 아낀 나머지 풍월도를 아예 '화랑도'라 부르게 했다. 화랑도는 이후 신라 사회에 막강한 영향을 미치는 단체가 되었다. 그 영향력이 워낙 커서 화랑도 안에서도 서로 권력을 차지하려 다투는 바람에 뒷날 신문왕 때는 잠시 없어지기도 했다.

진흥왕 시대에 이름을 떨친 인물들

진흥왕 때는 오늘날까지 이

름이 전해지는 유명한 사람들이 활약했다. 대표적으로 이사부, 거칠부, 우륵 세 사람을 꼽을 수 있다.

이사부

이사부가 오늘날까지 이름을 전하는 가장 큰 이유는 우산국을 정벌했기 때문이다. 이사부는 지증왕 13년 신라에 항복하지 않는 우산국에 배를 타고 가서 나무로 만든 커다란 맹수로 우산국 사람들을 겁주어서 정벌했다. 이때의 기록은 오늘날까지도 독도가 우리 땅이라는 증거가 된다.

우산국 정벌로 능력을 인정받은 이사부는 진흥왕 시절에 본격적으로 권력을 쥐고 활약했다. 이사부가 권력을 움켜쥘 수 있었던 것은 지소태후 때문이었다. 지소태후는 이사부를 사랑해 그의 아이를 넷이나 낳았으며 이 가운데서 딸 한 명은 진흥왕의 왕비가 되기도 했다.

그렇다고 이사부가 지소태후의 후원만 믿고 지낸 것은 아니었다. 그는 진흥왕 2년에 병부령이 되어 신라 군을 총지휘하며 신라의 영토를 넓히는 데 큰 공을 세웠다. 또한 진흥왕 23년에 백제와 손잡고 반란을 일으킨 몇몇 가야 사람들을 겁만 주고도 항복시켰다.

하지만 이사부는 권력을 함부로 휘두르지 않았고 정직하고 공평해 백성들의 존경을 한 몸에 받았다. 학문과 역사에도 두루 밝아 진흥왕 6년에는 역사서를 만들 것을 강력하게 주장해 이루어 내기도 했다.

이사부의 주장으로 신라의 역사책인 《국사》[11]를 만들게 되었을 때 이를 책임진 인물이 거칠부다. 거칠부에 대해서는 다음과 같은 흥미로운 이야기가 전한다.

거칠부

거칠부는 젊었을 때 머리를 깎고 승려가 되어 전국을 떠돌아다녔다. 그러다가 호기심이 생겨 국경을 넘어 고구려에 가서 유명한 승려인 혜량[12]의 강의를 들었다.

불교의 깊은 철학을 전하는 혜량의 강의를 듣던 중, 거칠부는 혜량의 부름을 받았다. 혜량은 거칠부가 신라 사람임을 알고 조용히 말했다.

"그대가 신라 사람이라는 사실이 알려지면 당장 잡혀갈 것이니 빨리 돌아가도록 하라."

그 말을 듣고 거칠부가 돌아갈 채비를 하자, 혜량이 덧붙여 말했다.

"얼굴을 보아 하니 그대는 앞으로 장수가 될 사람이로다. 뒷날 만약 군사를 이끌고 오게 되면 나를 해치지 말라."

거칠부는 혜량에게 그렇게 하겠다고 약속한 뒤 신라로 돌아가서 벼슬에 올랐다. 그리고 이사부의 제안으로 《국사》를 펴냈으며, 이 공으로 더 높은 벼슬에 올랐다. 이때 마침 그는 백제와 손잡고 고구려를 치라는 명령을 받았다. 거칠부는 다른 신라 장수들과 함께 고구려의 10개 군을 신라 땅으로 만들었다.

거칠부가 군사를 이끌고 고구려에 들어갔을 때, 혜량이 길에

---

11. 《국사》
545년 당시 재상이었던 거칠부가 진흥왕의 명령을 받고 편찬한 역사책이다.

12. 혜량 (?~?)
고구려의 승려였으나 거칠부를 따라 신라로 들어온 뒤 진흥왕으로부터 최고 벼슬을 받았다.

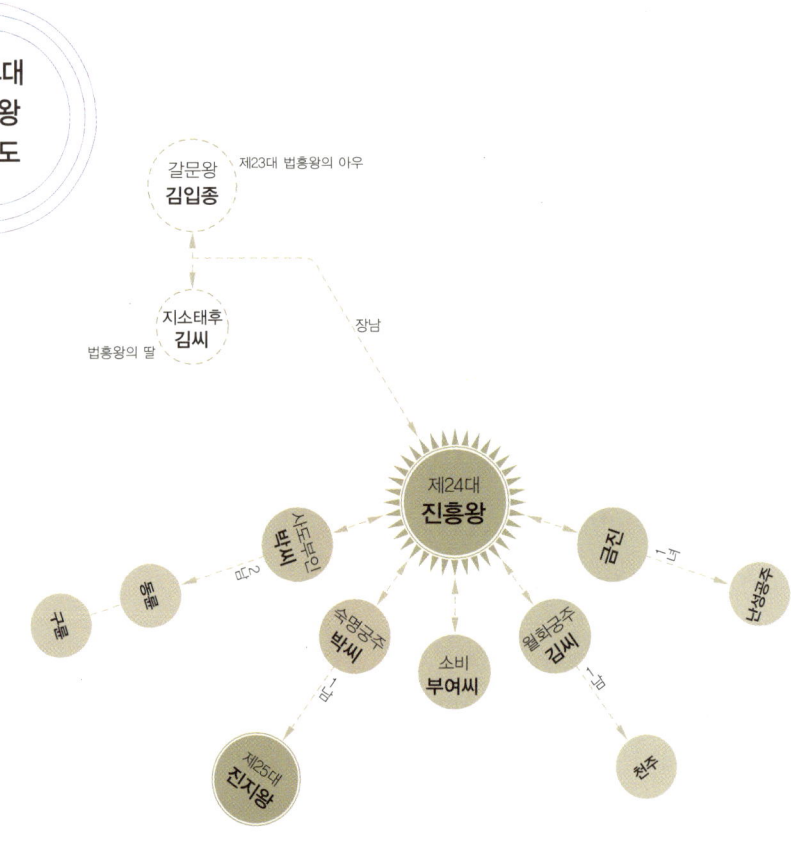

나와 있었다. 거칠부가 그를 알아보고 말에서 내려 인사를 올린 다음 말했다.

"옛날 유학할 때 법사님의 은혜를 입어 목숨을 건졌습니다. 그런데 오늘 우연히 이렇게 만나니 무엇으로 감사의 표시를 해야 할지 모르겠습니다."

혜량이 대답했다.

"지금 고구려는 나라가 어지러워 멸망을 눈앞에 두고 있으니, 자네의 나라로 나를 데려가 주게."

거칠부는 그길로 혜량을 말에 태워 진흥왕에게 데려갔다. 불교를 높이 떠받들던 진흥왕은 혜량이 보통 승려가 아니라는 것을 알아보고 그에게 불교의 진리를 가르치는 일을 맡겼다.

이렇게 흥미로운 이야기를 역사에 남긴 거칠부는 이후에도 벼슬이 계속 높아져 오늘날의 국무총리와 비슷한 상대등 자리까지 올랐다. 신하 가운데에서 가장 높은 벼슬인 상대등에 오른 거칠부는 진흥왕 이후 진지왕, 진평왕 시절까지 왕들의 믿음을 받으며 나랏일을 돌보았다.

우륵

이사부와 거칠부가 정치인으로서 유명한 인물이라면 진흥왕 시대의 문화 발전을 대표하는 인물로는 우륵을 꼽을 수 있다.

우륵은 본래 가야 사람으로 12줄로 만든 가야금을 가지고 신라에 온 인물이다. 진흥왕은 신라의 국경을 돌아보며 다닐 때 우륵을 만났다. 우륵의 연주를 들은 진흥왕은 크게 감동해 신라의 뛰어난 음악가들을 우륵에게 보내 가르침을 받게 했다.

오늘날까지 이름을 전하고 있는 우륵은 진흥왕 때의 신라가 정치, 군사적으로 뿐만 아니라 문화적으로도 크게 발전했다는 사실을 말해 준다.

신라사 깊이 읽기
화백 제도란 무엇일까?

 골품 제도와 함께 신라 정치의 또 하나의 특징으로 여겨지는 것이 화백 제도입니다. 화백 제도는 신라의 독특한 회의 기구입니다. 초기 연맹 국가 시대부터 있어 왔는데, 이것이 자리 잡은 것은 상대등 제도가 마련된 뒤부터였습니다.

 상대등이란 진골, 즉 왕족 출신의 대신을 통틀어 이르는 대등의 의장을 뜻합니다. 따라서 화백 회의는 곧 대등들의 회의 기구이며, 이 자리에서는 왕위 계승과 폐위, 전쟁, 선전 포고 그리고 사회에 큰 영향을 끼칠 수 있는 국가의 큰일을 의논했습니다.

 이 회의는 만장일치제를 원칙으로 하고, 나랏일을 의논할 때는 이른바 영지(신령스러운 땅)를 택해 모였습니다. 화백 회

안압지
인공 연못인 안압지는 신라시대 귀족의 화려한 생활을 잘 나타내고 있는 유적지다.
경상북도 경주시 인왕동

의의 의장인 상대등은 진골 가운데에서도 이벌찬 또는 이찬처럼 높은 관등에 오른 인물이었습니다. 때론 상대등을 맡고 있던 사람이 왕위를 이어받기도 했지요.

그러나 화백은 신라가 삼한을 통일한 뒤 영향력이 크게 줄어들었습니다. 신문왕 이후 빠른 속도로 중앙 집권화가 이루어지고 행정을 통괄하는 집사부가 세워지면서 설 자리가 좁아진 것입니다. 집사부를 세운 뒤에는 이곳의 장관인 시중이 실질적인 우두머리 역할을 했기 때문입니다.

그러나 시중을 지낸 인물이 상대등에 오르는 관례가 있었던 만큼 화백은 통일 뒤에도 여전히 귀족 사회에서 중요한 역할을 맡은 것으로 보입니다.

홈이 파인 신라 목간
나무를 얇게 깎아 그 위에 글을 기록한 것으로 경주 안압지에서 출토되었다. 지역명, 인명, 관등명 등이 기록되어 있어 목간을 통해 당시 사회상을 알 수 있다.

국립중앙박물관 소장

제25대 진지왕실록

타락한 허수아비 왕 진지왕

무기력한 진지왕

> **1. 진지왕** (?~579)
> 신라 제25대 왕(재위 기간 576~579)으로 진흥왕의 둘째 아들이다. 이름은 금륜이다.
>
> **2. 사도태후** (534~614)
> 성은 박씨로 진흥왕의 왕비다.

진지왕[1]은 진흥왕의 둘째 아들로 이름은 금륜이며 576년 8월 진흥왕이 세상을 떠나자 왕위에 올랐다. 본래 왕위에 오르기로 되어 있던 사람은 진흥왕의 첫째 아들이자 왕비 사도태후[2]의 아들인 동륜이었는데, 동륜이 개에 물려 죽는 바람에 금륜이 태자가 되었다. 사실 금륜은 진흥왕을 버리고 다른 남자와 달아난 숙명의 아들이어서 태자가 될 가능성이 별로 없었다.

사도태후는 어느 날 병에 걸린 진흥왕이 갑자기 세상을 떠나자 금륜을 조용히 불렀다. 그리고 수많은 신라의 왕족과 귀족이 탐내는 미녀인 미실을 보여 주며 말했다.

"금륜 태자, 이 여인은 신라에서 가장 아름다운 여인, 미실이다. 왕께서 돌아가셨으니 태자가 왕위를 이어야겠는데, 조건이 있느니라. 왕위에 오른 뒤 미실을 왕후로 맞이해야 할 것인데, 어떠냐?"

당시 신라의 권력은 사도태후와 미실이 움켜쥐고 있었기 때문에 금륜은 고개를 끄덕일 수밖에 없었다. 이리하여 금륜은 왕위에 올라 진지왕이 되었지만 사도태후와 미실의 힘에 눌려 허수아비 신세가 되었다.

사도태후는 명망이 높은 거칠부를 상대등으로 세워 내정을 맡기고, 이사부의 아들 세종에게 외교를 맡겼다. 노련한 두 사람의 활약 덕분에 나라는 비교적 안정을 누릴 수 있었다.

하지만 왕이 된 진지왕은 사도태후와의 약속을 어기고 미실을 멀리했으며 왕후로 맞아들이지도 않았다. 또한 나랏일을 할 의지와 힘도 없었기 때문에 날마다 여자들과 어울려 놀기만 했다. 진지왕은 궁궐의 여자들은 물론 예쁘다는 소문만 있으면 소녀든 결혼한 여자든 가리지 않고 품에 안았다.

진지왕의 아들 비형

《삼국유사》에는 진지왕에 대한 흥미로운 이야기가 전해진다. 신라 사량부에 아름답기로 소문난 도화랑이라는 여자가 살고 있었다.

그 소문을 들은 진지왕은 호기심이 생겨 도화랑을 찾아갔다. 소문대로 빼어난 외모의 도화랑에게 한눈에 반한 진지왕은 그녀를 궁으로 불러들이고 싶었다.

"도화랑아, 소문대로 참으로 아름답구나. 나와 함께 살지 않겠느냐?"

하지만 도화랑은 이미 결혼한 몸이었다.

"폐하, 저에게는 남편이 있사온데, 어찌 제가 그리하겠습니까?"

이제까지 자신이 점찍은 여자에게 거절당해 본 적이 없는 진지왕은 화를 냈다.

"뭐라고? 왕의 명령을 어기는 것을 보니 목숨이 아깝지 않은가 보구나. 잔말 말고 내게로 오너라."

"목숨을 버릴지언정 남편을 버릴 수는 없습니다."

진지왕은 도화랑의 굳은 태도에 어쩔 도리가 없었다.

"그러면 만약에 남편이 없다면 내게 오겠느냐?"

"홀로 있는 여인이 어찌 왕명을 거스르겠나이까."

진지왕은 절개를 지키려는 도화랑을 꺾을 수 없어 할 수 없이 그냥 궁궐로 돌아갔다. 그리고 얼마 지나지 않아 세상을 뜨고 말았는데, 도화랑의 남편도 진지왕이 죽은 지 2년 만에 숨을 거두었다.

남편을 잃은 도화랑이 어느 날 밤 홀로 있을 때, 별안간 진지왕이 귀신이 되어 나타났다.

"내가 죽어서도 너를 잊지 못해 이렇게 찾아왔느니라. 이제 너는 홀로 되었으니 내 품에 안길 수 있겠지?"

"이렇게까지 저를 원하시니 폐하의 뜻에 따르겠나이다."

이리하여 진지왕은 도화랑과 잠자리를 같이했는데 이 일이 있고 나서 도화랑은 신기하게도 아이를 가졌다. 도화랑은 사내아이를 낳자 '비형'이라는 이름을 붙여 주었다. 이때 진평왕이 이 소식을 듣고 비형을 불쌍히 여겨 궁궐로 데리고 갔다. 그리고 비형이 열다섯 살이 되던 해에는 벼슬도 내렸다. 《삼국유사》에서는 도화랑이 진지왕의 귀신 사이에서 아이를 가졌다고 하지만, 진평왕이 비형을 궁궐로 부른 것을 보면 실제 진지왕이 살아 있을 때 도화랑이 아이를 가진 것으로 보인다.

그런데 비형은 밤마다 궁에서 빠져나갔다가 아침이 다 되어서야 돌아오곤 했다. 이를 이상하게 여기던 진평왕은 사람을 시켜 비형의 뒤를 밟게 했다. 그리하여 비형이 밤마다 들판에서 귀신들과 놀다 온다는 사실을 알게 되었다.

진평왕은 비형과 어울리던 귀신 가운데 '길달'이라는 자를 불러들여 벼슬을 주고 비형과 함께 궁에서 지내도록 했다. 길달을 조정에 등용했다는 것을 보면, 비형이 벗한 이들이 귀신이 아니라 산에 살면서 도를 닦던 사람들이었던 것 같다.

하지만 길달은 어느 날 궁에서 달아나 버렸는데, 비형이 달아난 길달을 쫓아가 죽였다. 그 뒤로 신라에서는 아래와 같은 글귀를 붙여 귀신을 내쫓는 풍습이 생겼다고 한다.

성스러운 임금의 영혼이 낳은 아들
비형랑이 있던 방이 여기라오.
날고 뛰는 귀신 무리들아

104 | 신라사 이야기

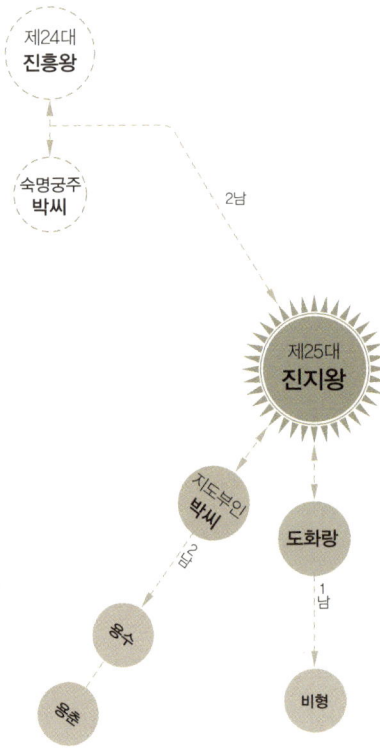

이곳에 머물지 말지어다.

그 뒤 비형은 화랑도에 들어가 낭도들을 모으고 이끌었다고 한다.

여자에 빠져 살던 진지왕은 왕위에 오른 지 3년도 안 되어 사도태후에 의해 왕위에서 쫓겨났다. 그 뒤 진지왕은 별궁에 갇혀 지내다가 세상을 떠났는데 이때가 579년 7월 17일이다.

신라사 깊이 읽기

골품 제도란 어떤 것일까?

　신라는 원래 진한 6국의 부족 연맹 체제로 출발했고, 영토를 넓혀 가는 과정에서 주변에 있는 작은 국가와 마한 왕실, 가야 왕실 등을 흡수했습니다. 통일을 이룬 뒤에는 고구려계 왕족까지 귀족으로 받아들이면서 매우 복잡하고 특이한 정치 조직을 갖추었습니다. 다시 말해 국가라는 틀 속에 씨족, 부족, 소국 연맹 체제가 그대로 유지된 독특한 나라였습니다.

　대부분 당시 국가들은 중앙 집권 체제를 바탕으로 왕권 중심의 정치를 펼쳤으나, 신라는 국가가 세워진 초기부터 쉽사리 전제 왕권 체제를 확립하지 못했기 때문입니다.

　이런 신라 사회를 이야기하자면 반드시 거론하는 것이 골품 제도입니다. 골품 제도는 신라가 6부족 연맹체를 이룰 때에는 뚜렷한 윤곽이 없었습니다. 그러다가 마한의 왕족인 김알지계와 일본의 왜족 계열인 석탈해계가 왕위에 오르고, 가야계가 들어와 박, 석, 김 왕조와 가야계 귀족이 서로의 기득권을 보장받기 위해 타협한 결과로 이 제도가 자리 잡게 된 것입니다. 말하자면 골품 제도는 국가의 팽창 과정에서 합쳐진 작은 국가 또는 가야와 같은 연맹국 왕실을 귀족으로 편입시킬 때 그 등급의 기준이 되었던 제도였습니다.

　골품 제도는 골제와 두품제가 합쳐진 것인데, 골제는 왕실 안에서만 의미가 있었습니다. 이는 왕비 간택이나 왕위 계승 또는 왕실 후예의 신분을 결정하는 잣대였습니다. 왕실이 팽창하고 그들이 주요 귀족으로 자리 매김하면서 자연스럽게 귀족 사회에 서열이 생겼는데, 이것이 두품제입니다. 그리고 두품제는 6세기 초에 골품 제도로 자리 잡아 법으로 규정됩니다. 그 뒤 400여 년 동안 골품 제도는 신라 사회의 계급을 나누는 원리로 작용했습니다.

왕실의 골제는 원래 성골과 진골로 구분됐는데, 그 기준이 무엇인지는 분명하지 않습니다. 또 《화랑세기》에는 진골성통과 대원신통으로 구분되는데, 이는 대부분 어머니의 출신에 따라 결정되었습니다. 하지만 이 또한 기준이 밝혀져 있지 않습니다.

《삼국사기》에는 박혁거세왕부터 진덕왕 때까지는 성골이 왕위를 계승했으나, 그 뒤로 성골이 사라져 진골이 왕위를 이어받았으며, 진골로서 처음으로 왕위에 오른 사람이 무열왕이라고 쓰여 있습니다. 하지만 《삼국사기》도 진골과 성골의 구분 기준을 밝히지 못하므로 이 기록이 정확하다고 말할 수 없습니다.

어떤 학자는 《화랑세기》를 근거로 진골성통을 진골, 대원신통을 성골이라고 말하기도 하는데, 이 또한 단정할 수 있을 만큼 확실한 자료가 나와 있지 않습니다.

엄밀히 말해서 《삼국사기》 편찬자들은 진골과 성골의 차이가 무엇인지 정확하게 알지 못했던 것입니다. 어쩌면 진골과 성골은 혈통보다는 왕위 계승권과 관련이 있을지도 모릅니다. 하지만 그 속사정은 정확하게 알 수 없습니다.

어쨌든 골제가 바탕이 되어 골품제는 법으로 자리 잡기에 이르는데, 귀족 6두품과 왕실의 성골과 진골을 합해 8개 신분으로 나뉘었습니다. 귀족 가운데에서 1, 2, 3품은 비록 귀족이긴 하나

신라의 골품과 관등관직표

등급	관등명	진골	6두품	5두품	4두품	복색	중시령	시랑·경	도독	사신	군태수	현령
1	이벌찬	▲										
2	이찬	▲				자	●		●			
3	잡찬	▲					●		●			
4	파진찬	▲				색	●		●	●		
5	대아찬	▲					●		●	●		
6	아찬	▲	▲					●	●	●	●	
7	일길찬	▲	▲			비		●	●	●	●	
8	사찬	▲	▲			색		●	●	●	●	●
9	급벌찬	▲	▲					●		●	●	●
10	대나마	▲	▲	▲		청		●			●	●
11	나마	▲	▲	▲		색		●			●	●
12	대사	▲	▲	▲	▲						●	●
13	사지	▲	▲	▲	▲	황					●	●
14	길사	▲	▲	▲	▲							●
15	대오	▲	▲	▲	▲	색						●
16	소오	▲	▲	▲	▲							●
17	조위	▲	▲	▲	▲							●

평민과 다름없는 계층이었고 4, 5, 6품은 중급 귀족으로 관리가 될 수 있는 신분이었으며, 진골은 왕족 출신의 상급 귀족으로 각 기관의 중요한 자리를 독차지했습니다. 그리고 성골이 사라진 뒤에는 진골에서 왕이 나오기도 했습니다.

또 중급 귀족의 꼭대기에 있는 6두품은 '득난'이라 하여

좀처럼 얻기 어려운 신분이기도 했습니다. 하지만 이들 6두품은 중앙 관부의 우두머리는 될 수 없었습니다.

관리에 임명된 사람들은 대부분 4, 5, 6두품과 진골이었는데, 이들이 오를 수 있는 관등은 17개로 나뉘어 있었습니다. 4두품은 17관등인 조위부터 소오, 대오, 길사, 사지를 거쳐 12관등인 대사까지만 오를 수 있었습니다. 5두품은 11, 10관등인 나마와 대나마까지, 6두품은 9관등인 급벌찬에서부터 사찬, 일길찬을 거쳐 6관찬등인 아찬까지 이를 수 있었습니다. 그리고 5관등인 대아찬부터 파진찬, 잡찬, 이찬, 이벌찬 등은 오로지 진골만 오를 수 있었습니다. 이들 관리들은 두품에 따라 자색, 비색, 청색, 황색으로 관복이 나뉘었습니다.

하지만 골품 제도는 단지 정치적 의미만 있는 것이 아니었습니다. 결혼이나 옷, 집, 생활 용기, 우마차 자재 등에서도 두품에 따른 규제가 있었습니다. 그만큼 엄격한 제도라고 볼 수 있지요.

제26대 진평왕실록

삼국 혼란기를 이겨 낸 진평왕

진평왕시대의 세계 약사

중국에서는 북주의 외척 양견이 주를 멸망시키고 581년 수나라를 세웠다. 또한 589년 중국은 오랜 분열 시대를 끝내고 통일 시대를 맞이했다. 중원을 통일한 수나라는 돌궐, 거란 등을 무너뜨리고 고구려를 공격해 국력이 약해졌다. 곳곳에서 반란이 일어나 618년 수나라가 망하고 이연이 당나라를 세웠다.
동로마는 페르시아를 무찌르며 세력을 키웠지만 사산 페르시아가 메소포타미아와 아르메니아 지방을 공격해 왔다. 그런 가운데 마호메트가 이슬람교를 전하기 시작했다.

열세 살의 어린 왕

진지왕 시절에 신라의 권력을 움켜쥐고 있던 사람은 사도태후와 미실이었다. 사도태후는 미실을 왕비로 맞이들인다는 조건을 내걸고 진지왕이 왕이 될 수 있도록 해 주었지만, 진지왕은 이 약속을 지키지 않았다. 진지왕을 괘씸하게 여긴 사도태후는 미실을 불러 말했다.

"기껏 왕이 되도록 해 주었더니 약속을 지킬 생각은 아예 하지도 않는구나."

미실은 눈을 반짝이며 말했다.

"왕을 그대로 두어도 좋겠습니까?"

"결코 그대로 둘 수 없지."

"어떻게 하시렵니까?"

사도태후는 잠시 생각에 잠겼다가 말했다.

"왕을 쫓아내야겠는데, 어떻겠느냐?"

미실은 조금도 망설이지 않고 말했다.

"왕이 나라를 돌볼 생각은 하지 않고 날마다 여자만 끼고 놀고 있지 않사옵니까? 그러니 왕위에서 끌어내린다고 해도 뭐라고 할 사람은 없을 것입니다."

사도태후도 맞장구를 쳤다.

"그렇지. 게다가 사실 지금의 왕은 선대왕(진흥왕)에게서 난 아들이 아닐 수도 있지."

진지왕이 진흥왕의 아들이 아닐 수도 있다는 말은 근거가 있었다. 사실 진지왕을 낳은 숙명은 진흥왕과는 아버지가 다른 남매 사이였다. 진흥왕과 숙명의 어머니인 지소태후가 두 사람을 억지로 결혼시켰기 때문에 숙명은 진흥왕을 조금도 사랑하지 않았다.

숙명이 사랑한 사람은 위화랑의 아들 이화랑이었다. 숙명은 이화랑과 사랑을 나누다가 결국 그의 아이를 가지게 되어 두 사람은 몰래 달아나 버렸다. 숙명이 진지왕을 낳은 것은 이화랑과 달아나기 전이었지만, 많은 신라 사람들은 진지왕이 과연 진흥왕의 아들인지 의심하고 있었다.

사도태후는 이러한 진지왕의 약점을 들추면서 그를 왕위에서 끌어내리기로 마음먹었다.

"미실, 나는 오라버니에게 이 일을 함께 하자고 할 것이니 너는 세종을 끌어들이도록 해라."

> 1. **진평왕** (567~632)
> 신라 제26대 왕(재위 기간 579~632)으로 이름은 백정이다.
>
> 2. **양견** (541~604)
> 수나라의 초대 황제로 정식 이름은 문제 혹은 고조다.
>
> 3. **수나라** (581~618)
> 중국의 통일 왕조 국가로 중국의 남북을 잇는 대운하를 완성했다.

"네, 알겠습니다."

세종은 미실의 남편이었다. 그는 지소태후의 아들로 미실을 너무나 사랑해 미실의 말이라면 어기는 법이 없었다.

사도태후는 자신의 오빠인 박노리부를 끌어들이고 미실은 세종을 끌어들여 진지왕을 강제로 왕의 자리에서 끌어내렸다. 그 뒤 진지왕은 궁궐 구석방에 갇혀 지내다가 곧 세상을 떠났다. 아마도 사도태후가 손을 쓴 듯하다.

진지왕을 쫓아낸 사도태후가 왕으로 세운 사람은 자신의 손자 백정이었다. 백정은 진흥왕과 사도태후 사이에서 태어난 동륜 태자의 아들로, 동륜 태자가 죽은 뒤 줄곧 사도태후의 손에서 자랐다.

567년에 태어나 579년 열세 살의 나이로 왕위에 오른 백정이 바로 신라 제26대 진평왕[1]이다. 진평왕은 나이가 어렸을 뿐만 아니라 사도태후의 힘으로 왕이 되었기 때문에 실제로 나랏일을 맡은 사람은 사도태후였다. 사도태후는 자신의 오빠 노리부를 으뜸 벼슬인 상대등 자리에 앉혀 나랏일을 맡겼다.

수나라가 나타나고 삼국이 치열한 다툼을 벌이다

진평왕이 신라를 다스리던 무렵 중국 대륙에서는 커다란 변화의 소용돌이가 일어나고 있었다. 양견[2]이 수나라[3]를 세우고 여러 나라로 나누어져 있던 중국을 589년에 통일했기 때문이다. 커다란 중국 땅덩어리를 차지한 수나라는 강력한 군사력을 바탕으로 한반도를 위협해 왔다.

진평왕은 신하들을 불러 모아 수나라를 어떻게 대해야 할지 물었다.

"지금 수나라가 크게 일어나 힘을 떨치고 있는데, 경들은 이 일을 어찌 보는가?"

신하들이 대답했다.

"대륙을 통일했으니 수나라는 눈에 거슬리는 나라들을 칠 것입니다."

"그렇습니다. 특히 고구려는 대륙에 발을 들여놓고 중국의 나라들과 항상 다투어 왔으니 분명히 고구려를 치려고 할 것입니다."

"옳습니다. 수나라 황제는 고구려를 치기 위해 육군과 수군을 합쳐 군사 30만 명을 준비하고 있다고 합니다."

진평왕이 고개를 끄덕이며 물었다.

"그러면 우리는 어찌하면 좋겠소?"

신하들이 대답했다.

"수나라와 은밀히 손을 잡아야 할 듯합니다."

"맞습니다. 선대왕(진흥왕)께서 영토를 넓히는 데 성공하면서 고구려, 백제를 모두 공격한 뒤로는 두 나라 모두 우리를 좋게 여기지 않으니 수나라와 손을 잡는 것이 안전할 것입니다."

그러자 진평왕이 말했다.

"그대들의 생각과 내 생각이 같도다. 지금 고구려와 백제가

4. 영양왕 (?~618)
고구려 제26대 왕(재위 기간 590~618)으로 평양왕 이라고도 한다.

동맹을 맺고 싸움을 걸어 올까 봐 항상 걱정이었는데, 수나라의 힘을 빌려 그들이 함부로 날뛰지 못하도록 해야겠다. 수나라에 사신을 보내 손을 잡도록 하라."

진평왕은 594년 수나라에 사신을 보내 손을 잡았으며 596년에는 귀한 물건을 바치기도 했다.

신라가 발 빠르게 수나라와 손을 잡은 뒤부터 수나라, 고구려, 백제, 신라가 숨 가쁘게 엉켜 싸우게 되었다. 그 가운데 가장 먼저 행동에 나선 것은 고구려였다.

고구려의 영양왕[4]은 신하들을 불러 모아 놓고 물었다.

"지금 수나라가 대륙을 통일했으니 곧 고구려를 넘보지 않겠는가?"

신하들이 대답했다.

"수나라 황제 양견이 곧 고구려를 침략하기 위해 군사 30만 명을 모아 놓았다고 합니다."

이 말을 들은 영양왕이 단호하게 말했다.

"그럴 줄 알았다. 이럴 때는 적을 먼저 공격해서 겁을 주어야 한다. 당장 군사 1만 명으로 요서 지역을 공격하라."

이렇게 고구려가 먼저 공격에 나서자 수나라 양견은 크게 화를 냈다.

"당장 30만 병사를 보내 고구려를 박살 내도록 하라."

이때는 598년 6월, 여름 장마가 한창일 무렵이었다. 양견은 30만 대군을 내세워 기세 좋게 고구려를 공격했다. 그러나 고구려 장수 강이식[5]의 뛰어난 전술 앞에 맥없이 무릎을 꿇고 말았다. 30만 수나라 군대를 단숨에 물리친 고구려 영양왕이 명령했다.

"지금 즉시 수나라에 사신을 보내 화친을 청하도록 하라."

신하들이 고개를 갸우뚱거리며 물었다.

"얼마 전까지 전쟁을 치렀는데, 어찌 화친하라고 하시는지요?"

영양왕이 여유 있게 웃으며 말했다.

"우리가 이번 싸움에서 이기기는 했지만 수나라와 전쟁을 계속하는 것은 나라와 백성을 힘들게 하는 일이다. 지금 수나라 양견은 싸움에서 크게 져 주눅이 들어 있을 것이다. 이때 화친

5. **강이식** (?~?)
진주 강씨의 시조이며 고구려의 장군이다.

을 요청하면 받아들일 수밖에 없을 것이다."

영양왕의 말대로 수나라는 어쩔 수 없이 고구려의 화친 요청을 받아들였다. 하지만 양견은 속으로 이를 갈면서 다시 고구려를 칠 마음을 품고 있었다. 이를 알게 된 백제는 수나라에게 고구려를 함께 치자고 했다. 수나라 양견은 거절했지만 이 사실을 안 고구려에서는 난리가 났다.

"백제가 수나라와 함께 우리 고구려를 치려고 했습니다."

그 소식을 들은 고구려 영양왕은 분을 참지 못했다.

"용서할 수 없다. 당장 백제를 공격하라."

이렇게 수나라가 나타나면서 시작된 전쟁의 기운이 한반도를 뒤덮기 시작했다. 한반도의 분위기가 험악해지자 신라는 몹시 긴장했다.

"백제가 수나라와 손을 잡으려고 하다가 고구려의 공격을 받았다지? 우리도 위험한 것이 아니냐?"

진평왕이 묻자 신하들이 대답했다.

"고구려가 백제를 공격한 것은 백제가 결국 수나라와 손을 잡는 데 실패했기 때문입니다. 이런 때일수록 수나라와 신라가 가깝다는 것을 보여 주어야 합니다."

진평왕은 고개를 끄덕였다.

"그 말이 옳다. 수나라에 사신을 보내 귀한 물건을 선물하도록 하라."

하지만 고구려가 함부로 신라를 칠 수 없도록 수나라와 신라가 동맹을 더욱 강화하는 사이, 백제가 신라를 공격해 왔다. 백제의 무왕[6]은 신라에 빼앗긴 옛 땅을 되찾겠다고 군사 4만 명을 이끌고 신라에 쳐들어왔다. 다행히 백제의 매서운 공격을 가까스로 막아 냈지만 이것은 전쟁의 시작일 뿐이었다.

603년 8월, 고구려의 영양왕은 장군 고승을 앞세워 신라의 북한산성을 공격해 왔다.

"이번 전투에는 내가 직접 군사를 이끌고 나서리라."

이제 당당한 스물일곱 살의 젊은이가 된 진평왕은 이렇게 외치며 1만 명의 군사를 이끌고 나섰다. 신라 군은 진평왕의 용감한 지휘 아래 고구려 군을 단숨에 물리쳤다.

하지만 진평왕은 걱정을 지울 수 없어 또다시 신하들을 불러 모아 놓고 말했다.

"백제와 고구려의 군대를 물리쳤지만, 두 나라를 계속 상대하는 것은 힘든 일이다. 수나라와 함께 먼저 고구려를 쳐서 물리쳐야겠는데, 어떻게 생각하느냐?"

"수나라에 사신을 보내 폐하의 생각을 전하시옵소서."

진평왕은 곧 수나라에 사신을 보내 고구려를 함께 치자고 했지만 수나라는 이를 거절했다.

"고구려를 그렇게 무너뜨리고 싶어 하던 수나라가 우리 제안을 거절한 이유는 무엇이냐?"

답답한 마음에 진평왕이 묻자 수나라에 다녀온 사신이 말했다.

"지금 수나라에서는 양광[7]이 자기 아버지 양견을 죽이고 황제 자리에 올랐는데, 그는 아버지와는 생각이 좀 다른 듯하니

---

6. 무왕 (?~641)
백제 제30대 왕(재위 기간 600~641)이다.

7. 양광 (569~618)
수나라 제2대 황제로 양견의 둘째 아들이다. 정식 이름은 양제다.

다."

"다르다니?"

"섣불리 고구려를 치는 것은 위험하다고 생각해서 나라를 안정시키는 데 온 힘을 기울이고 있습니다."

"그러면 고구려가 한숨 돌릴 것이고, 분명히 우리를 다시 노릴 텐데……. 이대로 가만히 있을 수는 없다. 수나라가 군사를 움직이도록 할 방법이 없겠느냐?"

신하들이 대답했다.

"폐하, 승려 원광이 수나라 사정에 밝으니 그에게 편지를 쓰게 하시면 어떻겠습니까?"

"그게 좋겠구나. 원광을 불러 편지를 쓰게 하라."

진평왕의 부름을 받은 원광은 수나라 황제에게 고구려 침략을 호소하는 편지를 썼다.

"신라가 고구려를 치는 것을 도와주겠다고? 점점 때가 다가오는구나."

편지를 받은 수나라 황제 양광은 이렇게 말하며 만족스러운 웃음을 지었다. 하지만 이 사실을 안 고구려 영양왕이 가만히 있지 않았다.

"이번에는 신라가 수나라에 붙어서 우리를 치겠다고? 이놈들에게 뜨거운 맛을 보여 주어라."

영양왕의 명령을 받은 고구려 군대는 신라의 국경을 공격해 눈 깜짝할 사이에 8,000명의 주민을 잡아갔다. 그리고 두 달 뒤에는 다시 우명산성(함경남도 안변 근처)을 차지해 버렸다.

고구려의 공격에 다급해진 진평왕은 611년 다시 수나라에 도움을 요청했다.

신라의 요청을 받았을 때 수나라는 이미 고구려를 공격할 준비를 마치고 있었다. 그리고 611년 4월 군사들을 탁군(지금의 중국 베이징)에 모았다가 612년 1월 113만 대군을 이끌고 고구려를 공격했다.

이 전쟁에서 수나라는 온 힘을 다해 고구려를 공격했지만 몇 달 지나지 않아 처참하게 지고 물러갔다. 수나라는 고구려 공격에 엄청난 공을 들인 만큼 패배의 충격이 커서 나라가 통째로 휘청거렸다. 그런데도 수나라 양광은 고구려 정복에 미련을 버리지 못하고 3년 동안 계속 공격했다.

수나라와 고구려가 싸우고 있을 때, 다시 행동에 나선 것은

백제였다.

"고구려는 지금 수나라와 싸우느라 남쪽을 돌아볼 틈이 없을 것이다. 이럴 때 신라를 쳐야겠는데, 경들의 생각은 어떤가?"

백제 무왕의 물음에 신하들도 찬성했다.

"그렇습니다. 고구려의 침략을 걱정하지 않아도 되니, 이 틈을 타 신라를 공격해야 합니다."

611년 7월 백제는 신라를 공격해 가잠성(충청북도 괴산)을 차지했다. 100일 동안 벌인 치열한 전투 끝에 신라 군을 무찌른 백제는 기세등등하게 더 깊숙이 쳐들어가려 했다.

하지만 이때 백제 무왕은 새로운 소식을 들었다.

"고구려가 수나라 113만 대군을 무찌른 뒤 계속 전쟁에서 이기고 있습니다."

"수나라에 반란이 일어나서 고구려가 안정을 찾고 있다고 합니다."

이런 소식을 들은 무왕이 말했다.

"그렇다면 고구려가 다시 남쪽으로 내려올지도 모른다. 신라와는 큰 싸움을 벌이지 말고 지켜보도록 하자."

이렇게 해서 백제는 신라에 대한 공격을 잠시 멈추었지만 신라는 불안에서 벗어날 수 없었다.

진평왕이 걱정스럽게 말했다.

"기껏 수나라와 손을 잡았더니 고구려에게 무너졌지 않느냐? 이제 고구려가 날뛸 텐데 어찌 감당해야 하느냐?"

신하들도 걱정스럽기는 마찬가지였다.

"백제도 언제 다시 쳐들어올지 알 수 없습니다."

이때 중국 대륙에서 새로운 소식이 들려왔다.

"수나라 황제가 농민군에게 죽음을 당하고 귀족 이연[8]이 당나라[9]를 세웠다고 합니다."

"그래? 무척 다행스러운 일이로다. 고구려가 함부로 우리를 공격하지는 못하겠구나."

진평왕은 한숨을 돌렸지만 중국 대륙의 당나라와 고구려, 백제, 신라가 다시 복잡하게 엉켜 싸워야 하는 시대가 다가오고 있었다.

8. 이연 (565~635)
당나라 초대 황제(재위 기간 618~626)로 정식 이름은 고조다.

9. 당나라 (618~907)
수나라에 이은 중국의 왕조 국가로 중국 역사의 전성기를 이루어 수많은 문화와 전통을 남겼다.

당나라에 미녀를 바치다

"지금 새로 일어난 당나라가 대륙을 차지했으니 고구려가 함부로 움직이지 못할 것이다. 이 틈을 타 백제에게 빼앗긴 성을 되찾도록 하라."

진평왕의 명령을 받은 신라 군은 가잠성을 되찾기 위해 백제를 공격했지만 또다시 패배의 쓴맛을 보았다.

이에 진평왕이 신하들을 불러 모아 놓고 말했다.

"백제에게 빼앗긴 성 하나도 찾아오지 못하니 백제와 고구려가 쳐들어오면 나라를 어찌 지킬 수 있겠느냐?"

신하들이 말했다.

"당나라와 손을 잡아야 합니다. 당나라를 떠받들어 모셔서라도 그 힘을 빌려야 합니다."

"그렇습니다. 지금 당나라 황제는 나라를 안정시키는 것을 중요하게 여기고 있어 전쟁을 바라지 않습니다. 고구려와 백제가 함부로 날뛰지 못하도록 당나라가 힘을 쓰게 해야 합니다."

"좋다. 지금 당장 사신을 보내 당나라를 섬긴다고 하라."

신라는 당나라와 손을 잡아 잠시 동안 전쟁이 일어나지 않게 할 수 있었다. 하지만 623년 다시 백제가 공격해 와서 세 개의 성을 빼앗았다. 그 뒤로 백제와 신라는 치열한 싸움을 벌였다. 승부가 쉽게 나지 않는 싸움을 계속하다가 신라는 628년 비로소 가잠성을 되찾았다. 이 일로 진평왕은 커다란 자신감을 얻었다.

"드디어 백제를 눌렀구나."

신하들도 기쁜 목소리로 말했다.

"지금 당나라의 황제가 바뀌어 대륙을 완전히 통일하고 곧 고구려를 칠 기세입니다."

"그렇습니다. 이제 고구려는 남쪽을 아예 쳐다볼 틈도 없을 것입니다."

그러자 진평왕이 호탕하게 웃으며 말했다.

"이 기회를 놓칠 수 없지. 고구려를 공격해 남쪽의 성을 차지하도록 하라."

신라는 고구려를 공격해 낭비성을 차지했다. 이때 군사를 이끈 장수가 김용춘과 김서현인데, 뒷날 신라의 명장이 되는 김서현의 아들 김유신도 이 전쟁에 나가서 큰 공을 세웠다.

하지만 진평왕은 신라 안의 사정을 미처 살펴보지 못했다.

당시 신라 사회는 오랜 전쟁 때문에 백성들이 굶주리고 범죄가 크게 늘어나는 등 엉망진창이었다. 게다가 631년에는 반란이 일어나기도 했다. 진평왕은 반란 계획을 미리 알게 되어 반란군을 잡아들일 수 있었지만 불안함을 감출 수 없었다.

"나라가 이렇게 어지러울 때 백제나 고구려가 침략해 오면 큰일 나겠구나."

신하들이 말했다.

"이런 때일수록 당나라와 더 굳게 손을 잡아야 합니다."

"그렇다. 믿을 것은 당나라밖에 없다."

진평왕은 잠시 생각에 잠겼다가 말했다.

"신라에서 가장 아름다운 여인을 뽑아 당나라 황제에게 바쳐라."

신라의 미녀가 당나라에 도착하자 당 태종 이세민은 만족스럽게 웃었다.

"신라가 이제는 내게 여자까지 바치는구나."

이때 '위징'이라는 신하가 말했다.

"폐하, 이 여자들을 신라로 돌려보내시옵소서."

"왜 그래야 하느냐?"

"신라를 지켜 달라고 여자를 바친 것이 틀림없는데, 괜히 우리나라가 저들의 싸움에 깊숙이 휘말릴 필요는 없기 때문입니다."

"그렇게 생각할 수도 있겠군."

"그렇습니다. 우리는 신라에 휘둘리지 말고 스스로 기회를 찾아서 고구려를 무너뜨려야 합니다."

"옳다. 여자를 선물받으면 신라가 다음에는 무슨 요구를 해 올지 알 수 없다. 여자들을 돌려보내라."

이렇게 해서 진평왕이 바친 미녀들은 다시 신라로 돌아왔다.

진평왕은 이 일이 있은 다음 해인 632년에 세상을 떠났다. 그 뒤 신라는 더 험하고 복잡해진 나라 간의 다툼을 헤쳐 나가야 했다.

신라를 휘어잡은 절세 미녀, 미실

진흥왕 중반기에서 진지왕시대를 거쳐 진평왕 초기 10년까지 40여 년 동안 신라를 휘어잡고 뒤흔든 여인이 있었으니, 그가 바로 미실이었다. 미실은 진지왕을 왕으로 세우고 나중에는 강제로 끌어내리는 일에 앞장섰으며, 화랑을 손 안에 넣고 화랑의 우두머리를 갈아 치우기도 했다. 또한 진흥왕, 진평왕 그리고 여러 왕족을 사로잡아 권력을 휘둘렀다.

그녀는 도대체 누구이기에 여자의 몸으로 신라를 마음대로 주물렀을까? 미실이 누구인지 알기 위해서는 먼저 신라 사람들의 독특한 풍습에 대해 알아야 한다. 여러 신라 왕들의 자유로운 사랑 이야기에서도 알 수 있듯, 신라에서는 지금으로서는 상상할 수 없을 만큼 자유롭게 연애를 했다.

그런 신라의 문화는 왕족에게 바칠 미녀들을 나라에서 키우던 풍습에서도 엿볼 수 있다. 왕족의 자유로운 사랑을 위해 바쳐지는 미녀들도 귀족 출신으로 높은 대우를 받았다. 미실도 그 가운데 하나였다.

미실은 왕들뿐만 아니라 왕자들과 동시에 사랑을 나누면서 최고의 인기를 누렸다. 진흥왕, 진흥왕의 동생 세종, 진흥왕의 태자 동륜 등은 동시에 미실에게 빠져 무슨 말이든 다 들어주었다. 또한 화랑의 우두머리 설원랑[10]도 미실에게 빠져 정신을 차리지 못했다. 미실은 이들을 자기 마음대로 주무르면서 나중에는 왕보다 더 강한 권력을 갖게 되었다.

하지만 미실이 처음부터 권력을 휘두른 것은 아니었다. 미실이 진정으로 사랑한 남자가 있었는데, 그가 제5세 풍월주(화랑의 우두머리) 사다함이다.

만약 미실과 사다함의 사랑이 결혼으로 맺어지고 이후에도 계속되었다면 역사는 달라졌을지도 모른다. 하지만 운명은 두 사람을 갈라놓고 말았다.

561년 사다함은 열여섯 살의 나이로 가야를 공격하러 나섰다. 어린 나이에도 무술이 뛰어나고 용감했기 때문이다. 전쟁에 나서기 직전 사다함은 미실을 만나서 말했다.

"미실, 가야의 반란군을 무찌르러 떠나야 하오."

"걱정이 되어 잠이나 이룰 수 있을지요."

"절대 죽지 않고 다시 돌아올 것이오. 다시 돌아오면 그대와 혼인할 것이오."

"알겠어요. 저도 한시도 잊지 않고 기다리겠어요."

10. 설원랑 (?~?)
위화랑의 둘째 딸인 금진의 아들이다.

사실 미실은 진흥왕의 동생 세종과 결혼한 적이 있었다. 하지만 진흥왕의 어머니인 지소태후의 미움을 받아 궁에서 쫓겨났다. 그래도 왕실에 바쳐진 여자였기 때문에 사다함과 결혼하기 위해서는 진흥왕의 허락을 받아야 했다. 미실은 진흥왕에게 간절히 부탁해 허락을 받아 내고 사다함이 돌아오기만을 기다렸다.

미실이 사다함과 결혼한다는 소식을 듣고 충격을 받은 사람은 세종이었다. 세종은 물 한 모금 마시지 않고 자리에 누워 미실만 찾았다.

"미실, 미실, 나는 그대 없이는 살 수가 없소. 어찌하면 좋단 말이오."

미실을 애타게 그리워하는 아들을 본 지소태후는 다시 미실을 궁으로 불렀다.

"미실은 세종을 다시 섬기도록 하라."

이 소식을 들은 세종은 자리에서 벌떡 일어나 미실에게 달려갔다.

"미실, 이제 왔구려. 다시는 내 곁을 떠나지 마오."

하지만 미실은 세종에게 마음이 없었다. 또한 세종에게는 이미 '융명'이라는 정식 부인이 있었기 때문에 미실은 두 번째 부인밖에 될 수 없었다.

"저는 한낱 두 번째 부인이 될 수는 없습니다."

세종은 자신을 거부하는 미실을 보며 안타까워하다가 지소태후에게 달려가 말했다.

"미실을 첫째 부인으로 삼게 해 주십시오."

"뭣이? 네게는 융명이 있거늘, 어찌 미실을 첫째 부인으로 삼는다는 말이냐?"

"저는 미실 없이는 살 수 없습니다. 미실을 첫째 부인으로 만들어 주지 않으면 죽어 버리고 말 것입니다."

결국 지소태후는 어쩔 수 없이 미실을 첫째 부인으로 만들어 주었다. 그리고 융명을 궁 밖에 나가 살도록 했다.

이즈음 사다함은 전쟁터에서 큰 공을 세우고 돌아왔다. 미실과 결혼할 꿈에 부풀어 있던 사다함은 곧 크게 실망했다.

"아니, 이럴 수가! 미실이 다른 사람과 결혼해 버리다니!"

사다함은 큰 충격을 받고 슬픔에 잠겼다. 하지만 화랑의 충성스러운 정신으로 세종과 미실을 보호하겠다는 시를 남기고 혼자서만 슬픔을 삭였다. 그러다가 그만 병이 들어 7일 만에 세상을 떠나고 말았다.

사다함이 죽었다는 소식을 듣고 미실은 큰 슬픔에 빠졌다.

"다시는 그 누구도 사랑하지 않으리라."

이때부터 미실은 변하기 시작했다. 남자를 다루는 기술과 아름다움을 이용해 권력을 잡았다.

이 무렵 미실에게 빠져 든 남자는 진흥왕의 태자 동륜이었다. 동륜의 어머니인 사도왕비가 미실에게 동륜의 마음을 빼앗도록 한 것이다. 그다음으로 미실에게 빠져 든 사람은 진흥왕이었다. 미실은 춤과 음악에도 뛰어나고 머리도 영리해 금세 진흥왕을 사로잡았다.

　미실은 진흥왕을 사로잡으면서 남편 세종을 뛰어넘는 권력을 갖게 되었다. 이제 세종이 거추장스러워진 미실은 어느 날 진흥왕에게 말했다.
　"폐하, 제 남편은 능력이 뛰어난데 왜 장수로 삼아 적을 물리치게 하지 않으십니까?"
　"세종을 전쟁터에 보냈으면 좋겠느냐?"
　"남자의 능력을 썩히면 뭐 하겠습니까?"
　미실은 세종을 전쟁터로 보내 버리고 홀가분하게 살려고 했다. 진흥왕은 이런 미실의 말을 들어주었다.
　세종을 전쟁터로 보낸 미실은 더 큰 욕심을 품었다.
　"폐하, 원화 제도를 다시 만들어 주십시오."
　원화 제도는 신라 왕족과 귀족 여성들의 모임으로, 이미 화랑으로 통합된 뒤였다.
　"이미 없애 버렸는데 또다시 만들어 달라고?"
　"그러하옵니다. 제가 원화가 되어 폐하를 모시고 싶습니다."
　원화는 여자 화랑도의 우두머리였다. 진흥왕은 미실의 말을 순순히 들어주었지만 화랑의 젊은이들은 이에 반발했다.
　"아니, 저 여자가 우리를 부하로 삼겠다는 것이 아닌가?"
　"갑자기 원화 제도를 다시 만들어 자신이 원화가 되겠다는 것이 말이 되는가?"
　하지만 전쟁터에 있던 세종이 이들을 설득했다.
　"새로운 원화는 나의 부인이다. 너희들은 불평하지 말고 잘 섬기도록 하라."

그 뒤 화랑들은 미실의 명령에 따랐다. 이렇게 해서 미실은 궁 안에서는 왕후의 권력을 얻었고, 궁 밖에서는 화랑의 우두머리가 되는 권력을 얻었다. 이때 그녀의 나이는 겨우 스무 살이었다.

8년 뒤 진흥왕이 갑자기 세상을 떠나자 궁궐의 권력은 완전히 미실과 사도태후에게 넘어갔다. 그들은 진지왕을 왕으로 세웠다가 3년도 안 되어 갈아 치웠다. 또 열세 살에 왕이 된 진평왕을 대신해 신라를 쥐고 흔들었다.

미실은 진평왕 때 화랑을 완전히 손에 쥐고 권력을 휘둘렀다. 당시 화랑도는 가장 큰 군사 조직이자 인재 조직이었기 때문에 화랑을 손에 쥐고 마음대로 휘둘렀다는 것은 왕이나 다름없었다는 뜻이다. 진평왕의 어머니나 왕비도 미실의 눈치를 볼 정도였다.

이런 미실을 오랫동안 짝사랑한 사람이 있었는데, 그가 바로 풍월주였던 설원랑이었다. 설원랑은 10대에 미실을 만나 섬겼고 그녀의 말에 따랐다. 하지만 미실은 사다함이 세상을 떠난 뒤로 그 누구도 사랑하지 않았기에 설원랑에게도 마음을 열지 않았다.

미실이 예순 살이 다 되어 죽을병에 걸려 누웠을 때 설원랑은 그녀를 밤낮 없이 간호했다. 그러다가 오히려 미실보다 먼저 죽음을 맞이했다. 미실은 40년 동안 자신을 변함없이 사랑하다가 죽은 설원랑을 보고 그제야 마음의 문을 열었다.

"나는 그동안 그 누구에게도 마음을 주지 않았는데 너는 어찌해 나를 이토록 사랑했느냐?"

미실은 아픈 몸을 일으켜 세우며 슬프게 말했다.

"내 속옷을 줄 터이니 설원랑의 관에 넣어 장사 지내도록 하라."

자신의 속옷을 관에 넣는다는 것은 귀신이 되어서나마 결혼한다는 뜻이었다.

"나는 지난 40년 동안 그 누구보다 강한 권력을 얻었다고 만족했는데, 내가 진정으로 얻었던 것은 너의 사랑이로구나."

이렇게 자신의 인생을 돌아본 미실은 며칠 뒤 설원랑을 따라 세상을 떠났다. 이후로도 미실만큼 강한 권력을 누렸던 여인은 역사에서 찾아보기 힘들 정도니 가히 신라의 여장부라 하겠다.

고석정

신라 진평왕 때 세운 정자로 주변의 계곡을 포함해 철원 팔경 가운데 하나다.

강원도 철원군 동송읍

신라의 으뜸 화랑, 문노

신라 화랑도의 역사에서 빼놓을 수 없는 인물이 있었는데, 그가 바로 문노다. 신라의 삼한 통일을 이룬 영웅인 김유신이 화랑의 으뜸이자 모범으로 뽑은 인물이 문노이며, 화랑의 젊은이들은 모두 문노를 존경하고 따르고자 했다.

문노는 가야 왕실의 후손이었다. 538년에 태어난 그는 어릴 때부터 검술이 뛰어나고 용감해 따르는 무리가 많았다. 그의 주위에 모여든 이들은 주로 가야 출신의 화랑이었다. 문노는 이들을 이끌고 554년 가야 왕자 출신인 김무력이 백제 성왕을 칠 때, 열일곱 살의 나이로 전쟁에 나가 공을 세웠다. 555년에는 고구려와의 전쟁에 나갔으며 557년에는 반란 세력을 물리쳤다.

하지만 문노는 많은 공을 세우고도 가야 출신인 까닭에 크게 인정받지 못했다. 그를 따르는 화랑들은 이에 대해 늘 불만을 털어놓았다.

"지금 신라에 문노 님만 한 화랑이 어디 있는가? 왜 나라에서는 이것을 알아주지 않을까?"

"공을 세워도 출신이 좋지 않아 인정하지 않는 거야. 분통 터지는 일이지."

문노는 그럴 때마다 부하들을 꾸짖었다.

"상 받기를 바라는 것은 사내가 할 일이 아니다."

이처럼 늠름한 문노에 대한 소문은 화랑들 사이에 널리 퍼져

5세 풍월주가 되는 사다함은 열두 살에 스스로 찾아와 그를 스승으로 삼았다.

561년에는 사다함이 가야 정벌 전쟁에 나가면서 문노를 찾아와 말했다.

"이번 전쟁에 함께 나가지 않겠습니까? 전쟁터에 나가면 큰 공을 세울 수 있습니다. 제가 그 공이 헛되지 않도록 널리 알리겠습니다."

하지만 문노는 거절했다. 어머니가 가야 공주였던 문노는 가야에 대한 의리를 지키려고 했다. 큰 공도 마다하고 의리를 앞세운 문노의 이야기를 들은 화랑들 사이에서는 문노의 명성이 더욱 높아졌다.

사다함이 세상을 떠나고 나서 풍월주에 오른 세종은 문노를 찾아가 말했다.

"나는 그대를 부하로 삼을 수 없소. 나의 형이 되어 주시오."

문노는 마음을 열어 세종을 섬기기로 했다. 그러자 세종은 진흥왕을 찾아가 말했다.

"문노는 고구려와 백제를 치는 데 여러 번 공을

세웠으나 출신 때문에 인정받지 못했으니, 나라를 생각할 때 매우 안타까운 일입니다."

"네가 그렇게까지 말하니 내가 가만히 있을 수 없구나. 문노에게 벼슬을 내리도록 하라."

하지만 문노는 진흥왕이 내린 벼슬을 받지 않고 충성을 다해 세종을 섬겼다.

문노의 명성이 점점 높아지자 진흥왕의 왕비 사도부인도 관심을 가지고 그를 도우며 자기편으로 끌어들이려 했다. 또한 진흥왕을 설득해 스스로 원화 자리에 오른 미실은 문노를 불러 말했다.

"내가 너의 능력을 높이 사 내 곁에 두고자 하는데, 어떠냐?"

문노는 자신을 부하로 삼으려는 미실의 제안을 거절했다.

"저는 오직 전쟁터에 나아가 무사로서 임무를 다하려고 합니다."

사실 문노는 미실을 별로 좋아하지 않았다. 미실은 이를 알면서도 문노를 제 편으로 만들기 위해 그를 풍월주로 만들려고 했다.

미실은 제7세 풍월주인 설원랑을 불러 말했다.

"문노의 명성이 이토록 높으니 그를 풍월주로 삼고자 하는데, 네 생각은 어떠냐?"

"미실 님의 뜻에 따를 뿐이옵니다."

"그러면 너는 이제부터 문노를 스승으로 섬기도록 해라."

"네, 알겠습니다."

마침내 문노는 가야 출신인데도 화랑의 우두머리 자리에 오를 수 있었다. 그렇게 되기까지는 '윤궁'이라는 여인의 공이 컸다. 윤궁은 거칠부의 딸로 원래 동륜 태자에게 시집갔지만 동륜 태자가 세상을 떠난 뒤 혼자 지내고 있었다.

그 무렵 문노는 마흔에 가까운 나이인데도 결혼하지 않고 지내고 있었는데, 이를 안타깝게 여긴 세종이 미실에게 말했다.

"문노처럼 뛰어난 사람에게 부인이 없으니 참으로 안타까운 일이오. 부인이 없는 사람은 아무리 뛰어난 화랑이어도 풍월주가 될 수 없는데 말이오."

그러자 미실이 말했다.

"제 동생 윤궁이 이 사람과 어울릴 듯한데, 문노의 출신이 좋지 않은 것이 문제군요."

윤궁은 미실의 사촌 동생이었다.

그 말을 듣고 윤궁이 말했다.

"그 사람이 좋다면 그따위 출신이 문제겠습니까?"

문노의 부하이자 윤궁의 사촌 형제인 비보랑도 윤궁을 찾아와 말했다.

"문노 님은 천하에 둘도 없이 훌륭한 인물이니, 문노 님을 맞이하는 것이 어떠냐?"

하지만 윤궁은 막상 주위 사람들이 문노를 추천하자 반발심이 생겼다.

"문노는 신분이 낮아서 안 되겠어요."

사실 윤궁의 아버지 거칠부는 윤궁을 진지왕에게 시집보내려 했는데, 윤궁이 이를 거절했다. 그 때문에 신분이 낮은 문노를 받아들였다가는 아버지와 왕에게 모욕을 줄 것이라고 생각했다.

그러다가 문노의 명성이 나날이 높아지자 윤궁은 미실이 시키는 대로 문노를 만나 보기로 했다.

이렇게 해서 만난 문노와 윤궁은 서로 한눈에 반했다.

문노가 말했다.

"그대가 아니면 내게 부인이 없을 것이니, 풍월주가 될 수 없을 것입니다."

한마디로 윤궁이 아니면 그 누구와도 결혼하지 않겠다는 말이었다. 그러자 이제까지 속으로 몰래 문노를 그리워해 온 윤궁이 말했다.

"내가 그대를 그리워한 지 오래되어 창자가 다 끊어졌습니다. 제 신분을 다 버린다 해도 그대의 부인이 되겠습니다."

두 사람은 부부가 되었지만 신분이 낮은 문노는 부인인 윤궁을 높은 사람으로 모시며 신하처럼 지내야 했다. 그러다가 문노가 진지왕을 몰아내는 데 공을 세우고 벼슬을 받았을 때에야 비로소 신분이 높아져 윤궁을 정식 부인으로 맞이했다.

"이제부터는 제가 낭군님의 신하입니다. 앞으로 낭군님의 명령에 따르며 정성을 다해 모시겠습니다."

그 뒤 윤궁은 풍월주의 아내로서 문노 부하 부인들을 이끌며 화랑의 옷을 직접 만드는 등 문노를 위해 힘썼다. 문노가 종양이 생겨 고생할 때는 입으로 종양을 빨아 낫게 하기도 했다.

신라사 이야기

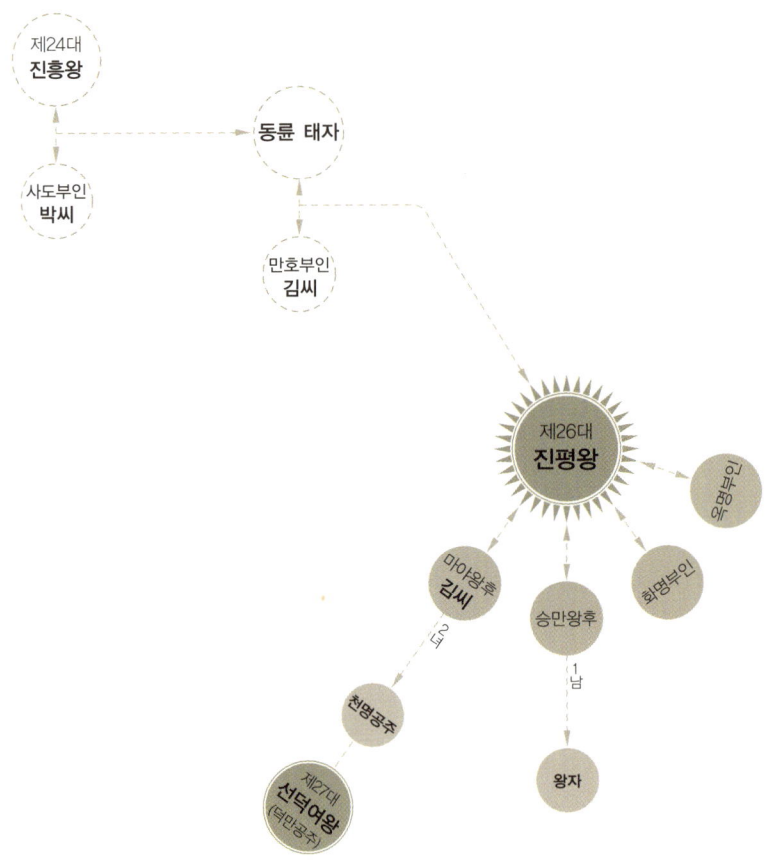

문노는 윤궁 말고는 그 어떤 여자도 가까이하지 않았다. 당시 신라의 왕족과 귀족은 물론, 화랑들도 수많은 여자와 자유롭게 사랑을 나누는 것이 당연한 일처럼 여겨졌다. 그러나 문노는 어떤 여자에게도 한눈을 팔지 않고 술도 마시지 않았다. 윤궁이 직접 나서서 젊은 여자를 구해 주고 술을 권해도 모두 거절했다.

　이러한 문노 부부의 모습은 당시로서는 보기 드물었기 때문에 사람들을 크게 감동시켰다. 문노는 사람들의 존경과 사랑을 한 몸에 받으면서 화랑도를 더욱 튼튼하게 했다. 뒤에 김유신뿐 아니라 모든 화랑들이 문노를 본받기 위해 노력했으니 문노야말로 신라 화랑을 대표하는 인물이라고 할 수 있다.

신라사 깊이 읽기

신라의 군사 제도는 어땠을까?

신라는 원래 진한 6부에서 병력을 모아 6부병을 편성하고 왕도를 지키게 했습니다. 따라서 이때에는 사병 성향이 강한 각 부의 병력이 지방을 지켰습니다. 그러다 6세기에 들어와서 중앙 집권적인 군사 제도를 확립하고, 왕이 직접 전 군을 다스리는 총사령관 역할을 하게 되었습니다.

이 무렵부터 각 성의 부대를 당이라 부르기 시작했고, 이것이 발전해 정과 서당으로 변했습니다.

진흥왕시대에 왕도 주변의 6개 당을 하나의 대당으로 통합하고 각 지역도 당을 결합해 대당을 세웠는데, 이를 '정'이라고 했습니다. 이때 만들어진 정은 모두 6개로 왕경의 대당과 상주정, 신주정, 비열홀정, 실직정, 하주정입니다.

또한 국가 군대 조직인 6정 이외에 화랑도와 같은 별도의 조직이 있었습니다. 화랑도는 귀족들이 이끌고 있던 사병을 국가가 흡수해 인재 양성 기관으로 변화시킨 형태였습니다. 대부분의 귀족 장정이 소속되어 있었으므로 화랑도는 6정의 장교를 길러 내는 교육 기관의 성격이 강했습니다.

통일한 뒤 신라의 군사 제도는 9서당 10정 제도로 변했습니다. 9서당은 중앙 군, 10정은 지방 군이며, 이 조직 이외에도 지방 군 성격의 여러 조직이 있었습니다.

9서당은 신라 사람 외에도 병합된 고구려나 백제의 군사들이 포함된 것이 가장 큰 특징입니다. 10정은 각 지역의 주

둔군으로서 각 주에 1정씩 세워졌고, 한산주만 범위가 너무 넓어 2개의 정이 세워졌습니다.

이 밖에도 기병 조직이나 국경 수비대 등 별도의 군사 조직이 있었습니다.

기마인물상

금령총에서 출토된 토우로 말에 탄 사람의 모습을 섬세하고 정교하게 표현했다. 당시의 기마 풍습과 의복, 무기 등에 대해 알 수 있으며 기병 조직이 있었다는 것을 알 수 있다.

국립중앙박물관 소장

제27대 선덕여왕실록

안팎의 위협에 시달린 선덕여왕

지혜로운 선덕여왕과 신라의 위기

신라 최초의 여왕인 선덕여왕[1]은 어느 날 당 태종 이세민[2]이 보낸 선물을 받았다. 그것은 모란꽃 그림과 꽃씨였다. 신하들은 당나라 황제가 선물을 보내왔다며 기뻐했지만 선덕여왕의 표정은 어두웠다.

선덕여왕은 한참 동안 생각에 잠겨 있다가 말했다.

"이 꽃씨를 심어 모란이 피어도 향기가 나지 않을 것이오."

신하들이 선덕여왕의 말을 듣고 이상하게 여겨 물었다.

"향기 없는 꽃이 어디 있습니까? 어찌 그리 생각하셨는지요?"

선덕여왕이 말했다.

"이 그림을 보시오. 모란은 활짝 피어 있으나 나비가 한 마리

 선덕여왕시대의 세계 약사

중국에서는 당 태종이 중원을 통일하고 돌궐 및 거란을 무너뜨리고 토번 등 외방 세력의 조공을 받았다. 또한 동북쪽으로 세력을 넓혀 고구려를 압박해 전쟁을 했다.
서양에서는 사라센 제국이 무섭게 성장해 아라비아를 통일하고, 페르시아 군을 크게 무찔러 사산 왕조를 멸망시켰다. 이어 알렉산드리아를 점령하고 아프리카 북부 해안으로 나아갔다.

도 없지 않소. 나비가 없는 것은 꽃에서 향기가 나지 않기 때문이지."

신하들은 미처 알아차리지 못한 모란꽃 그림의 진실을 꿰뚫어 본 선덕여왕의 지혜에 감탄했다.

그러나 선덕여왕은 여전히 어두운 표정으로 말했다.

"황제는 남편도 없이 혼자 지내는 나를 놀리기 위해 이 그림을 보냈군. 내가 나비도 찾지 않는 모란과 같다는 말이지."

사실 당 태종 이세민과 선덕여왕은 서로 감정이 좋지 않았다. 선덕여왕이 왕의 자리에 오른 지 3년이 지나도록 당 태종은 선덕여왕을 신라의 왕으로 인정하지 않았다. 단지 여자라는 이유 때문이었다.

선덕여왕이 여자의 몸으로 왕이 되었던 것은 진평왕에게 아들이 없었기 때문이다. 이런 경우 신라에서는 전통적으로 왕의 사위가 왕위를 이어받았지만, 진평왕의 첫째 사위 김용수는 강제로 쫓겨난 진지왕의 아들이었기 때문에 왕이 될 자격이 없었다. 그 때문에 632년 진평왕의 둘째 딸인 덕만 공주가 왕의 자리에 올랐다.

본래 선덕여왕에게는 '김용춘'이라는 남편이 있었다. 하지만 남편과의 사이에서 아이가 생기지 않아 김용춘이 남편 자리에서 물러났다. 당 태종이 모란 그림을 보내온 것은 바로 이때였다.

1. 선덕여왕 (?~647)
신라 제27대 왕(재위 기간 632~647)이며 진평왕의 둘째 딸이다. 이름은 덕만이다.

2. 이세민 (598~649)
당나라 제2대 황제이며 이연의 아들로 정식 이름은 태종이다.

선덕여왕 초상
대구 부인사 소장

선덕여왕은 당 태종에게 화가 났지만 꾹 참고 당나라와 신라의 관계를 더 두텁게 만들기 위해 사신과 유학생을 보냈다. 하지만 그럴수록 당 태종은 선덕여왕을 더 심하게 무시했다. 심지어 그는 643년 자기를 찾아온 신라의 사신에게 이렇게 말했다.

"네 나라는 여자를 임금으로 삼았기 때문에 이웃 나라로부터 무시당하고 있다. 또 주인을 잃은 채 도둑이 들끓어 편안한 세월이 없다. 내가 친척 한 명을 보내 너희 나라의 임금으로 삼겠다."

당 태종이 이렇게 심한 말을 하며 신라를 업신여겨도 신라는 한마디 항의도 하지 못했다. 당시 신라는 백제와 고구려의 위협에 시달렸기 때문에 당나라의 도움이 절실히 필요했기 때문이다.

한편 백제는 무왕이 세상을 떠나고 젊은 의자왕[3]이 왕의 자리에 오르자 642년 7월 신라를 공격해 한 달 만에 신라의 40여 개 성을 차지했다. 신라 군은 능력이 뛰어나고 의욕이 넘치는 의자왕이 이끄는 백제 군을 당해 내지 못했다. 그러자 선덕여왕은 김춘추를 고구려에 보내 도움을 요청하게 했다. 고구려도 신라를 위협하는 나라였지만 그만큼 다급했기 때문이다.

김춘추는 고구려에 가서 연개소문[4]을 만났다. 연개소문은 당시 고구려에서 왕보다 더 강한 권력을 가지고 고구려를 움직이는 사람이었다.

> **모란꽃은 향기가 없다?**
> 선덕여왕의 모란꽃 설화 때문에 흔히 모란꽃엔 향기가 없는 줄 알고 있다. 하지만 이건 잘못된 상식이다. 모란꽃은 은은한 향기가 있을 뿐만 아니라 나비도 날아드는 아름다운 꽃이다. 5월에 모란꽃이 피면 가까이 다가가 향기를 맡아보자.

"우리 신라는 지금 백제의 침략을 받아 위기에 빠졌습니다. 고구려가 군대를 보내 도와줄 수 없겠는지요?"

그러자 연개소문이 말했다.

"예전에 수나라가 공격해 왔을 때, 너희는 그 틈을 타서 고구려 땅 500여 리를 빼앗아 갔다. 그 땅을 돌려주면 군대를 보내 도와주마."

그 말을 들은 김춘추는 불같이 화를 내며 말했다.

"어찌 위기에 빠진 나라에 땅을 내놓으라고 하십니까? 이는 물에 빠진 사람에게 봇짐을 내놓으면 살려 준다고 말하는 것과 같습니다."

연개소문은 무서운 표정을 지으며 말했다.

"네놈이 그렇게 나올 줄 알았다. 고구려의 뒤통수를 칠 때는 언제고, 이제 와서 도와 달라고 하느냐? 여봐라, 저놈을 감옥에 가두어라!"

졸지에 옥에 갇힌 김춘추는 연개소문이 당장이라도 자기 목을 벨지 모른다는 생각에 겁이 덜컥 났다. 또 위기에 빠진 신라가 걱정되기도 했다. 김춘추는 다시 연개소문을 만나게 해 달라고 부탁하고는 다시 그를 만나 말했다.

"땅을 돌려 드리도록 하겠습니다."

연개소문이 의심스러운 표정으로 물었다.

"왜 생각을 바꾸었느냐?"

"얼마간의 땅을 떼어 주고 나라를 살리는 것이 현명하다고 생각했기 때문입니다."

3. 의자왕 (?~660)
백제의 제31대 왕(재위 기간 641~660)으로 무왕의 맏아들이다. 백제의 마지막 왕이다.

4. 연개소문 (?~666)
고구려의 장군이자 재상이다. 반란을 일으켜 영류왕을 죽이고 보장왕을 세워 고구려의 최고 권력자가 되었다.

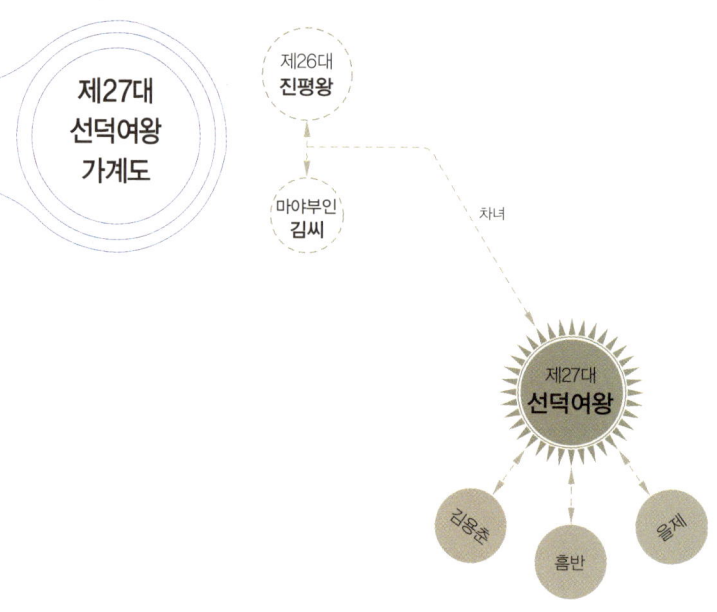

그러자 연개소문이 웃으며 말했다.

"좋다. 너를 풀어 줄 테니 너희 임금에게 가서 땅을 돌려주라고 말해라."

이렇게 겨우 고구려에서 빠져나온 김춘추는 뒤도 돌아보지 않고 신라로 돌아갔다. 연개소문에게 땅을 돌려주겠다고 한 말은 살기 위해 지어낸 말이었다.

김춘추가 거짓말까지 해 가며 겨우 목숨을 구해 돌아오자 선덕여왕은 한숨을 쉬며 말했다.

"결국 당나라에 손을 내밀어야 하는가? 당나라 황제가 우리를 또 뭐라고 비웃을지 걱정이구나."

선덕여왕은 마지못해 당나라에 사신을 보내 도와 달라고 부탁했지만 당 태종은 이렇게 말했다.

"내가 거란과 말갈을 시켜 고구려를 치면 신라는 고구려의 위협에서 벗어날 수 있을 것이다. 또한 너희 신라에서 당나라의 옷과 깃발을 쓰면 고구려, 백제가 겁을 먹고 도망갈 것이다. 그리고 너희 신라를 평화롭게 만들려면 여왕을 끌어내리고 내 친척 한 명을 임금으로 삼아야 한다."

이는 당나라가 얼마나 신라를 무시하는지 보여 주는 말이었다. 결국 신라는 다른 나라의 도움 없이 백제와 고구려의 위협을 견뎌야 했다.

다행히 김유신이 백제를 공격해 일곱 성을 되찾아왔고, 645년 3월에는 백제 군 2,000명을 무찌르며 크게 이겼다. 하지만 다시 백제에게 일곱 성을 빼앗기고, 647년에는 반란까지 일어났다. 김유신과 알천이 크게 활약해 겨우 반란 세력을 억눌렀지만 신라의 불안은 가시지 않았다. 게다가 반란이 한창일 때 선덕여왕은 병이 들어 그만 숨을 거두고 말았다.

5. 거란
중국 북부와 만주 지역에 살던 유목 민족으로 발해를 무너뜨리고 요나라를 세웠다.

신라사 깊이 읽기

선덕여왕의 지혜에 얽힌 세 가지 이야기

일연이 쓴 《삼국유사》에는 기이한 이야기만 모아 놓은 '기이 편'이 있습니다. 여기에 선덕여왕에 얽힌 설화가 세 가지 전해지고 있습니다.

첫 번째는 본문에 소개된 모란꽃 이야기입니다.

당나라 태종이 붉은색과 자주색, 흰색 모란꽃이 그려진 그림과 꽃씨를 보내왔습니다. 그 그림을 본 선덕여왕이 "이 꽃씨를 심어서 난 모란꽃에는 향기가 없겠구나. 그림에 나비가 보이지 않으니 이 꽃은 향기가 없는 꽃이로다."라고 했습니다. 그 꽃씨를 뿌려 이듬해 꽃이 피었는데 과연 향기가 나지 않았다고 합니다.

두 번째는 백제 군의 침입을 미리 알아 물리친 이야기입니다.

어느 겨울날, 영묘사라는 절에 있는 옥문지라는 연못에 때 아닌 개구리들이 몰려들어 울어 댔습니다. 이상하게 여긴 신하들이 그 사실을 아뢰자 선덕여왕은 잠시 생각하더니 서쪽에 '여근곡'이라는 지명을 가진 곳으로 군사들을 보내 숨어 있는 적군을 물리치라고 명령했습니다. 군사들이 긴가민가 하면서 여근곡에 가 보니 과연 그곳에 백제 군사 500여 명이 숨어 있어 그들을 물리쳤습니다.

신하들이 너무나 신기해 그 사실을 어찌 알았느냐고 묻자 선덕여왕이 대답했습니다.

"옥문이란 여자의 상징을 일컫는 말로, 다른 말로는 '여근'이라 하니 같은 지명을 가진 곳을 찾은 것이요, 겨울은 하얀색의 계절인데 하얀색은 방위상 서쪽을 가리킨다. 또한 개구리는 병사의 형상이므로 적군이 서쪽에 숨어 있음을 안 것이다."

세 번째는 선덕여왕이 자신이 죽을 날을 미리 알고 예언한 이야기입니다.

즉위 15년 되던 해에 여왕은 자신이 죽을 날을 알고 자신이 죽으면 도리천에 묻어 달라고 했습니다. 도리천은 불교에서 말하는 하늘 가운데 하나로 부처님 나라를 뜻하기 때문에 신하들이 의아해했습니다. 신하들이 그곳이 어디냐고 묻자 선덕여왕은 낭산 꼭대기라고만 대답했습니다. 그래서 선덕여왕이 세상을 떠난 뒤 낭산 꼭대기에 장사를 지냈는데 그때까지만 해도 신하들은 여왕의 말을 이해하지 못했습니다.

선덕여왕의 예언은 그 뒤 삼한을 통일한 문무왕 때 이루어졌습니다. 문무왕이 삼한을 통일한 뒤 낭산에 사천왕사를 세우고 사천왕을 호국 신으로 모셨습니다.

불교에서 사천왕이 있는 곳을 '사왕천'이라 하고, 그 위에 있는 부처님 나라를 '도리천'이라 하는데, 선덕여왕의 무덤이 사천왕사 위에 있으니 그곳이 바로 도리천을 가리키는 것이었지요.

그제야 사람들은 선덕여왕의 유언을 이해했으며 그 지혜에 감탄했답니다.

사천왕사지

선덕여왕이 자신을 도리천에 묻어달라는 유언과 관련된 곳으로 신라인들이 신성시하던 지역이다.

경상북도 경주시 배반동

제28대 진덕여왕실록

당나라에 의지한 진덕여왕

당나라 황제에게 시를 지어 바친 진덕여왕

진덕여왕[1]은 진평왕의 동생 갈문왕[2] 국반의 딸이다. 그녀는 선덕여왕이 647년에 일어난 반란 중 병에 걸려 세상을 떠나자 왕위에 올랐다.

진덕여왕 대부터 사실상 신라를 이끈 사람은 김춘추와 김유신[3] 그리고 알천이었다. 특히 김유신은 선덕여왕 때 반란을 일으킨 무리를 무찌르는 등 신라를 지키는 수호 장군이 되었다.

그러나 신라는 여전히 불안했다. 647년 10월에는 백제 군이 또다시 쳐들어왔다. 김유신은 군사 1만 명을 이끌고 백제 군에 맞섰지만 점점 밀리고 있었. 전쟁터 한가운데에서 열심히 싸우던 김유신은 깊은 근심에 빠졌다.

"지난 반란 때 많은 신하와 장수들이 죽는 바람에 전쟁을 치

---

1. 진덕여왕 (?~654)

신라 제28대 왕(재위 기간 647~654)으로 진평왕의 동생인 갈문왕 국반의 딸이다. 이름은 승만이다.

2. 갈문왕

왕위에 오르지 못했지만 왕의 아버지 또는 왕의 장인이 된 사람을 일컫는 말이다. 조선시대 대원군이나 부원군에 해당한다.

르기가 너무 힘들구나. 자칫하면 군사 1만 명을 다 잃고 백제 군에게 땅까지 내주게 생겼으니 큰일이구나."

그때 부하 한 명이 김유신에게 달려와 다급하게 말했다.

"장군, 비녕자와 그의 아들 거진이 전사했다고 합니다."

비녕자는 김유신의 부하였다.

"뭐라고? 부자가 한꺼번에 죽었단 말이냐? 이렇게 안타까운 일이……."

김유신은 차마 말을 잇지 못했다. 부자가 한꺼번에 죽었다는 것은 집안의 대가 끊기는 것을 뜻했다. 온 집안을 송두리째 나라에 바친 셈이었다.

김유신은 안타까워하면서 군사들을 모아 놓고 말했다.

"비녕자와 그의 아들이 용감히 싸우다가 숨을 거두었다. 집안의 대가 끊기는 것을 두려워하지 않고 목숨을 내던진 그들의 죽음이 헛되지 않도록 해야 한다."

그러자 군사들은 잃었던 사기를 되찾은 듯 창칼을 들고 떠나가라 함성을 질렀다.

"목숨을 아끼지 말고 백제 군을 쳐부수자!"

김유신의 명령을 받은 신라 군은 무서운 기세로 백제 군을 몰아쳐서 백제 군 3,000명을 무찔렀다.

하지만 648년 3월 백제 장군 의직은 신라 서쪽을 침략해 휩쓸고 다니면서 신라의 성 10개를 무너뜨렸다. 이때도 김유신이 나서 뛰어난 전술로 의직의 군대를 전멸시키며 몰아냈다.

649년 8월에는 백제 장군 은상이 신라의 일곱 성을 점령하며

3. 김유신 (595~673)
가야국 김수로 왕의 후손으로 15세 때 화랑이 되어 신라가 삼한을 통일하는 데 크게 기여했다.

김유신 초상

김유신 사당 소장, 충청북도 진천시

다시 공격해 왔다. 이번에도 신라 군을 이끈 김유신은 열흘 동안 계속 백제 군에 밀리다가 도살성에서 9,000여 명의 백제 군을 죽이며 큰 승리를 거두었다.

이렇듯 신라는 끊임없이 백제의 침략을 받았고, 그때마다 김유신이 막아 냈다. 김유신 덕분에 백제에게 완전히 점령당하지는 않았지만 신라의 불안감은 날이 갈수록 커져 갔다.

결국 신라가 기댄 곳은 당나라였다. 김춘추는 아들 문왕과 함께 당나라에 들어가 당 태종을 만났다.

"폐하, 지금 신라가 매우 어려운 처지에 놓여 있습니다. 폐하의 군사들을 보내 도와주시옵소서."

당 태종은 고구려를 막아 내려면 신라와 손을 잡아야 한다고 생각했다. 그러나 신라가 좀 더 고개를 숙이고 자신들을 섬기기를 바랐다.

김춘추는 이런 당 태종의 마음을 알고 다음과 같이 말했다.

"신라는 앞으로 당나라의 옷을 입고 당나라의 깃발을 쓰도록 하겠습니다."

당 태종은 김춘추의 말에 고개를 끄덕이면서도 속에는 더 큰 욕심을 품고 있었다. 신라를 당나라의 속국으로 만들고 싶어 한 것이다. 그는 도움을 부탁하러 온 신라 사신 감질허에게 말했다.

"신라는 어찌해 당나라의 연호를 따르지 않는가?"

연호는 황제가 자신이 황제가 된 순간부터 해를 계산하도록 선포하는 것으로, 독자적인 연호를 쓴다는 것은 어느 나라와도 대등한 황제의 나라라는 뜻이었다. 이때까지 신라는 독자적인 연호를 쓰는 황제의 나라였다. 하지만 당나라의 도움이 절실하게 필요했기 때문에 이마저도 포기하고 말았다.

사신 감질허가 말했다.

"이제부터 신라는 당나라의 연호에 따르겠습니다. 또한 벼슬아치들은 당나라와 같은 관복을 입도록 하겠습니다."

심지어 진덕여왕은 당나라 황제를 찬양하는 〈태평송〉이라는 시를 직접 지어 바쳤다.

위대한 당나라여,
왕업을 열었으니 높고 높은
황제의 앞길 번창하리라.
외방의 오랑캐는 황제의
명령을 거역하면
하늘의 재앙으로 멸망하리라.

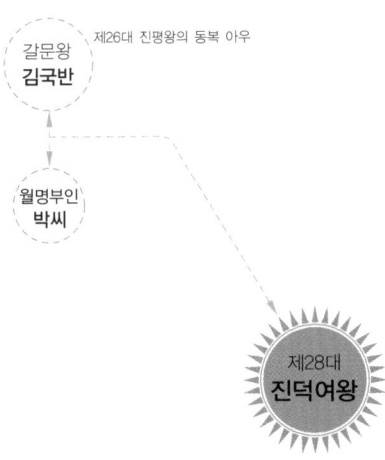

이 시에서 진덕여왕은 당나라를 뺀 나머지 나라들을 '오랑캐'라고 함으로써 신라의 자존심까지 팽개쳤다.

또한 마지막에는 '우리 당나라'라는 말로 마무리했다.

산신의 뜻으로 재상이 보필하고,
황제는 충신 인재를 믿으시니,
삼황과 오제의 덕이 하나가 되어
우리 당나라를 밝게 비추리로다.

진덕여왕이 이렇게 당나라에게 몸을 낮춘 것은 그만큼 신라의 사정이 어려웠기 때문이다. 이는 강대국 고구려와 만만치 않은 백제에 둘러싸인 약소국인 신라가 살아남기 위해 선택한 길이었다. 결국 선덕여왕, 진덕여왕 시절의 위기를 당나라의 도움으로 넘기려 한 것이 태종무열왕 때 큰 영향을 미친다.

바야흐로 고구려, 백제 그리고 당나라와 신라가 어우러져 치열하게 다투는 시대의 끝이 천천히 다가오고 있었다.

신라사 깊이 읽기

첨성대는 무엇을 하던 곳일까?

첨성대는 경주 동남쪽에 있는 반월성의 서북쪽 평지에 있으며, 정확한 위치는 북위 35도 49분 53초, 동경 129분 13분 20초입니다. 조선의 첨성대인 간의대가 궁궐 안 또는 가까이에 있었고, 고려의 첨성대 역시 궁궐 주변에 있었던 것을 볼 때, 신라 첨성대가 반월성 가까이에 있었던 것은 아주 자연스런 일입니다.

병 모양으로 생긴 첨성대는 매우 우아하고 뛰어난 건축물입니다. 구조를 살펴보면 이중으로 된 정사각형 기단 위에 병 모양의 원통이 올려져 있는 형태입니다. 원은 아래는 넓고 위로 올라가면서 조금씩 좁아지며, 모두 366개의 돌을 쌓았습니다. 원통부 남면의 12단째에 사방 1미터의 창이 있고, 내부는 거기까지 흙이 채워져 있으며, 그 위로는 비어 있습니다. 27단의 원통 위에는 사각을 이루는 장석이 서로 맞물려 있는데, 흔히 이것이 우물 정(井)자 모양을 하고 있다고 해서 '정자석(井字石)'이라고 합니다. 하지만 이것은 서로 끼워서 연결해 놓은 상태일 뿐 다른 의미는 없는 것으로 보입니다. 어떤 이는 이를 확대 해석해 첨성대가 우물을 상징하는 것이라고 주장하는 근거로 삼기도 합니다.

상단 정사면체 석 바로 아래에는 공간의 절반이 넓은 판석으로 덮여 있습니다. 또 12단째에 있는 창과 판석 사이에는 19단째와 25단 두 군데에 장석 4개씩이 비녀처럼 원통부를 꿰뚫고 걸쳐 있습니다. 이것은 창구 상단부가 무너지지 않도록 지탱해 주는 역할을 합니다.

첨성대는 이런 특이한 모양과 사용된 돌의 숫자, 기단 숫자 등으로 해서 많은 가설을 낳았습니다. 사용된 돌의 숫자가 366개인 점에 착안해 이것이 1년의 날수를 나타내고, 전체가 기단을 포함해 28단으로 이루어진 것은 28수의 별자리를 상징한다고 주장하는 사람도 있습니다. 또한 그 모양이 로켓 발사대와 비슷하다 하여 외계인이 남기고 간 로켓 발사대라고 주장하는 사람도 있고, 우주와 인간 세계를 연결하는 우물의 상징이라고 하는 사람도 있습니다.

물론 특이한 모양과 돌의 숫자, 단의 숫자 등은 상징적인 의미가 있을 수 있고, 하늘의 움직임을 관찰하는 천문대에 상징적인 의미들이 들어 있다고 해서 이상할 것도 없습니다. 문제는 상징성만 인정하고 천문대로서의 기능을 전혀 인정하지 않으려는 태도에 있습니다.

첨성대는 1,500년을 비바람 속에서 견뎌 낸 대단한 건축물입니다. 함께 지어졌던 숱한 구조물들은 사그라졌지만 첨성대는 원형을 그대로 유지하면서 아주 안정된 모습으로 버티고 있습니다. 이는 첨성대가 얼마나 단단하게 설계되었는지를 잘 보여 주는 것입니다.

약 9미터 높이의 첨성대 위 정사면체 상단엔 약 1.6평의 공간이 나옵니다. 이것은 현재 서울 종로구 계동에 남아 있는 조선 첨성대 상단의 정사면체 공간보다 조금 넓습니다. 흔히 간의대로 불리는 3미터 높이의 조선 첨성대 위에는 나무로 만든 '간의'라는 천문 관측기구가 올려졌는데, 이것은 천체의 적도 좌표, 황도 경도 및 지평 좌표를 관측하고 일월성신의 운행을 관찰하는 데 쓰이는 것입니다.

간의는 비록 눈으로 천체를 관찰하는 기구이지만 매우 정밀하고 눈금이 정확해 천체 운행을 정확하게 파악할 수 있는 도구입니다. 조선의 관측관들은 계단으로 이곳을 오르내리며 천문을 관측했습니다.

조선의 천문 과학은 고려의 과학을 계승한 것인데, 당시 관측 장비를 통해 얻은 결과는 현대 과학의 결과와 크게 다르지 않았습니다.

《고려사》 '역(歷)' 편에 나오는 5성에 대한 기록은 그 점을 증명합니다. 다음은 5성의 공전 주기에 대한 기록만 뽑은 것입니다.

'목성은 한 궁에 1년씩 있으며, 12년에 하늘을 1회 회전하고, 화성은 약 2년에 하늘을 1회 회전한다. 토성은 한 궁에 29개월 있으며, 28년에 하늘을 1회 회전하며, 금성과 수성은 한 궁에 1개월 있으며, 1년에 1회 회전한다.'

현대 과학이 밝힌 5성의 공전 주기를 보면 목성 11.86년, 화성 686.98일, 토성 29.46년, 금성 224.70일, 수성 87.97일입니다.

양쪽을 견주어 보면 수성과 금성의 공전 주기가 큰 차이가 나지만, 당시 사람들이 음력 1년을 최소 단위로 공전 주기를

첨성대
경상북도 경주시 인왕동

표현한 사실을 감안하면 수성과 금성의 공전 주기를 1년으로 표현한 것을 틀린 결과로만 여길 수 없습니다. 토성이나 목성같이 공전 주기가 엄청나게 긴 별들에 대한 관측 결과가 현대 과학의 결과와 거의 같다는 것이 그 점을 증명합니다. 토성이나 목성의 공전 주기를 거의 정확하게 측정할 수 있는 능력이라면 금성이나 수성처럼 가까운 거리에 있는 별의 공전 주기 정도는 쉽게 파악했을 것이라는 뜻입니다.

이런 사실은 《고려사》에 기록된 역법이 매우 과학적이고 정교한 과정을 거쳐 내려진 결과라는 사실을 증명합니다. 《고려사》에 기록된 역법은 현대 역법에 뒤떨어지지 않았다는 뜻이지요.

그렇다면 《고려사》의 역법은 어디서 유래한 것일까요?

고려는 나라가 세워진 초기에 당나라의 선명력을 사용하다가 충선왕 때 원나라의 수시력으로 바꾸었습니다. 당나라의 선명력이 쓰이기 시작한 것은 822년이며, 그 이전에는 각 나라마다 제각각의 역법을 사용했습니다. 그러나 기본 원리와 측정 결과는 거의 같았습니다.

수시력에 따르면 태양의 주천(대원의 중심각을 도, 분, 초로 표시한 값)은 365도 25분 75초인데, 이는 지구가 태양 주위를 한 바퀴 도는 데 걸리는 시간이 365.2575일이라는 뜻입니다. 또 달의 전종(달이 같은 지점으로 돌아오는 주기)은 27.5546일입니다. 현대 과학이 지구의 공전 주기를 365.26일로 잡고, 달의 공전 주기를 27.32일로 잡는 것과 견주어 보면 수시력에 의한 측정 결과가 얼마나 정확했는지 알 수 있습니다.

수시력은 일식과 월식의 시간을 구하는 방법은 물론, 동지와 하지의 낮 길이와 밤 길이를 구하는 법, 날마다 해 뜨는 시간과 지는 시간을 구하는 법, 달에서 월식이 생기는 위치를 구하는 법 등 해와 달의 운행에 따른 변화를 비교적 정확하게 구하는 원리를 기록하고 있습니다.

신라 사람들이 822년에는 당나라의 선명력을 받아들여 사용한 것을 볼 때, 그 이전에도 혼천설에 바탕을 둔 역법을 사용했다는 것을 짐작할 수 있습니다. 선명력이 수시력과 큰 차이가 없었다는 점을 감안하면 첨성대가 지어지던 선덕여왕 때 쓰이던 역법은 수시력과 비슷한 역법이었다는 결론에 이를 수 있습니다.

　수시력을 사용해 천문을 관측하던 조선시대의 첨성대인 간의대는 3미터 높이 위에 1.2평 규모의 정방형 공간밖에 없었습니다. 그런데도 천체를 관측하는 데 아무 문제가 없었습니다. 이 사실은 9미터 높이에 1.6평 규모의 공간을 가진 신라 첨성대가 천문대로서 전혀 손색이 없었다는 것을 증명합니다.

　이렇듯 조선과 고려 등의 역법 및 천문 관측 장비를 동원하면 신라의 천문 관측법을 어렵지 않게 구할 수 있습니다.

　따라서 첨성대는 단순한 상징물이 아니라 과학적인 천문대일 수밖에 없습니다.

제29대 태종무열왕실록

삼한 통일의 기초를 다진 태종무열왕

왕이 된 김춘추

654년 3월 진덕여왕이 세상을 떠나자 신라의 신하들은 누구를 왕으로 삼을지 결정해야 했다. 신하들이 먼저 떠올린 사람은 신하 가운데 으뜸인 상대등 자리에 있던 알천이었다.

"일단 상대등께서 나라를 다스려야 하지 않겠습니까?"

"그렇습니다. 상대등께서는 선덕여왕 시절에 고구려의 침략을 물리쳤고 진덕여왕 시절에 반란이 일어났을 때에는 어지러운 나라를 평화롭게 만드셨습니다. 당연히 용감하고 지혜로운 상대등께서 임금 자리에 올라야 합니다."

"그뿐이겠습니까? 지금 신라의 백성들은 상대등을 존경하고 따르니 그분만 한 인물은 없습니다."

신하들이 이렇게 말하며 알천에게 임금 자리에 오를 것을 권했지만 정작 알천은 고개를 저었다.

"저는 이미 늙었고 한 일도 별로 없습니다. 제 생각에는 나라를 구하기 위해 목숨을 걸고 고구려와 당나라를 오고 간 김춘추 님이 임금이 될 만한 분인 것 같습니다."

알천의 입에서 김춘추의 이름이 나오자 신하들은 술렁거렸다.

"아니, 쫓겨난 진지왕의 손자가 어찌 다시 왕이 될 수 있다는 말입니까?"

"혈통으로 치자면 물론 김춘추가 왕이 되어야 하겠지만 진지왕의 손자라서 생각하지도 않았는데……."

김춘추는 사실 사도태후와 미실 때문에 쫓겨나 죽음을 맞은 진지왕의 손자였다. 그래서 신하들은 처음부터 임금이 될 만한 사람을 찾을 때 그를 제쳐 놓았다.

그렇다면 알천은 왜 이런 김춘추를 내세웠을까? 그것은 김춘추가 강력한 세력을 거느린 힘 있는 정치가였기 때문이다. 알천은 세력이 강한 김춘추에게 왕 자리를 양보해야 자신도 안전하고, 다툼이 일어나지 않는다고 생각했다.

신하들은 김춘추가 본래 진지왕의 손자여서 왕이 될 후보로 생각하지도 않았는데 신하와 백성들 사이에서 존경받는 알천이 김춘추를 추천하자 어찌해야 할지 망설였다. 이런 신하들의 망설임을 없앤 사람은 김유신이었다.

"김춘추 님이 왕위에 올라야 합니다."

1. 태종무열왕 (603~661)

신라 제29대 왕(재위 기간 654~661)으로 진지왕의 맏아들 김용수와 진평왕의 맏딸 천명 공주 사이에서 태어났다. 이름은 김춘추다.

김유신의 한마디는 그 누구의 말보다 강한 설득력을 가지고 있었다. 왜냐하면 김유신은 당시 신라에서 가장 강력한 군사적 힘을 가지고 있었고, 화랑도와 가야파를 움켜쥐고 있었기 때문이다. 알천과 김유신이 입을 모아 김춘추를 추천하자 신하들은 더 이상 망설이지 않았다.

이렇게 해서 654년 김춘추가 왕의 자리에 오르니, 그가 신라 제29대 태종무열왕¹이다.

나당 연합군과 무너지는 백제

무열왕은 쫓겨난 왕의 후손이라는 약점을 딛고 화려한 왕의 자리에 올라섰지만 그 영광에 취해 있을 틈이 없었다. 신라를 둘러싸고 있는 나라들과의 다툼이 치열하게 진행되고 있었기 때문이다. 무열왕은 왕위에 오르자마자 신하들을 불러 모아 놓고 말했다.

"지금 우리는 잠시도 숨 돌릴 틈 없이 적들을 맞아 싸워야 할 때다. 우선 신라를 노리는 나라들의 상황이 어떤지 말해 보아라."

그러자 신하들이 대답했다.

"고구려와 백제가 손잡고 신라를 함께 칠 준비를 하고 있는 듯합니다."

"왜인들도 백제와 하나가 되어 신라를 노리고 있습니다."

태종무열왕릉 비석조각

통일신라 661년에 제작된 비석으로 깔끔하고 강한 글씨체로 쓰여 있다.

국립중앙박물관 소장

무열왕은 한숨을 쉬며 말했다.

"우리를 둘러싼 모든 나라들이 우리를 노리고 있으니 곧 힘든 전쟁을 치르게 될 것이다."

무열왕의 걱정대로 고구려와 백제, 말갈 등은 함께 손잡고 655년이 밝자마자 신라에 쳐들어왔다. 신라는 그들에게 33개의 성을 빼앗기고 말았다.

무열왕이 곧바로 명령했다.

"우리를 도와줄 수 있는 나라는 당나라밖에 없다. 당나라에 사신을 보내 도움을 구하라."

고구려, 백제, 왜 등이 손잡고 신라를 노리는 상황에서 신라가 손잡을 세력은 역시 당나라밖에 없었다. 무열왕은 왕이 되기 전부터 직접 외교 활동을 활발하게 벌였기 때문에 이를 잘 알고 있었다.

당나라는 신라의 부탁을 받고 정명진과 소정방[2]을 보내 먼저 고구려를 공격하게 했다. 그러자 고구려는 재빨리 신라에 대한 공격을 멈추고 군사를 되돌렸다. 백제도 신라에서 물러났다.

이 무렵 백제에서는 의자왕의 신하인 임자와 성충[3]이 파를 나누어 싸우고 있었다.

그 가운데 성충은 의자왕에게 입바른 소리를 잘했다.

"폐하, 나라를 돌보는 일을 소홀히 하지 마시옵소서."

본래 의자왕은 젊은 시절부터 나라와 군대를 튼튼하게 만들어 신라와의 싸움에서 계속 승리를 거두었다. 하지만 점점 승리에 취해 수많은 미녀를 궁녀로 거느리면서 술 마시고 노느라

2. 소정방 (592~667)
당나라의 무장으로 660년 나당 연합군의 대총관으로 활약했다.

3. 성충 (605~656)
백제의 충신이다. 의자왕의 명령으로 옥에 갇혔을 때 외적의 침입을 예언하며 뭍에서는 탄현, 바다에서는 기벌포에 나가 적을 막으라는 유서를 남겼다.

나라를 돌보지 않았다.

성충은 너무나 안타까워하면서 틈만 나면 입바른 소리를 했다.

"폐하, 신라는 당나라와 손잡고 백제를 치려고 할 것입니다. 예전처럼 군사를 준비하고 신하들의 질서를 잡는 데 힘써야 합니다."

하지만 임자는 다른 말을 했다.

"폐하, 신라는 이미 우리에게 져서 기울어 가고 있습니다. 천하에 우리에게 맞설 나라는 없습니다. 백성들은 폐하를 칭송하면서 행복하게 살고 있습니다."

성충은 임자를 호되게 비판했다.

"폐하, 간신배의 말에 귀 기울이지 마시고 나라와 군사를 돌보시옵소서."

그러자 임자도 가만히 있지 않았다.

"폐하, 이 나라와 왕실을 욕하는 사람들은 분명히 폐하를 배반할 것입니다. 그런 자들을 가만두시면 안 됩니다."

의자왕은 결국 임자의 말을 듣고 성충을 감옥에 가두어 버렸다.

이때 신라의 무열왕은 신하들과 의논하고 있었다.

"백제와 고구려를 한꺼번에 상대하면 질 수밖에 없다. 백제부터 무너뜨리지 않고서는 우리가 한시도 편할 수 없으니 어찌해야 하는가?"

신하들이 대답했다.

"백제 의자왕은 지금 바른 소리를 하는 성충을 감옥에 가두고 술과 여자에 빠져 살고 있습니다. 지금이 백제를 공격할 기회입니다."

무열왕은 고개를 끄덕이며 말했다.

"그렇다. 하지만 우리 혼자 힘으로는 부족하다. 당나라와 손잡고 함께 공격해야 한다. 당나라에 보낸 사신에게서는 소식이 없느냐?"

"당나라는 지금 고구려를 칠 생각만 하고 우리에게 군사를 보내 줄 생각은 하지 않는다고 합니다."

당나라는 658년과 659년에 계속 고구려를 공격할 뿐 신라의 부탁에는 대답을 하지 않았다.

무열왕은 660년 김유신을 상대등에 앉히고 당나라와 더불어 백제를 공격하기 위해 준비했다.

"당나라에 있는 인문이에게 다시 한 번 힘을 쓰라고 전해라. 한시라도 빨리 당나라의 군사를 데리고 와야 한다."

무열왕은 자신의 아들 김인문[4]을 당나라에 살도록 하면서 당나라와 손을 잡으려고 노력했다.

660년 3월 마침내 당나라는 소정방을 앞세워 13만 명의 군사를 신라에 보내왔다.

"드디어 당나라 군사가 왔으니 신라의 모든 군사를 출동시켜 백제를 무너뜨려라."

소정방의 당나라 군대가 7월 10일 백제의 도성을 치겠다고 하자 무열왕은 태자 법민과 김유신에게 5만 명의 군사를 맡겨

4. 김인문 (629~694)
태종무열왕의 둘째 아들이다. 당나라에서 외교관으로 활동하며 신라와 당나라가 손을 잡는 데 큰 역할을 했다.

5. 계백 (?~660)

백제의 장군이다. 전쟁에서 살아 돌아오지 않을 생각으로 가족을 모두 죽이고 싸움터에 나섰다. 5,000명의 군사로 김유신의 5만 군사를 네 번이나 무찔렀지만 끝내 전사했다.

6. 반굴

경상남도 사량에서 태어났다. 태종무열왕 7년(660년) 백제 군과의 전투에서 아버지의 명령에 따라 적진에 뛰어들었다가 전사했다.

7. 관창 (645~660)

태종무열왕 때 황산벌 싸움에서 계백과 맞서 싸운 소년 화랑이다.

백제를 치도록 했다. 이에 김유신은 7월 9일 황산벌로 5만 명의 군사를 이끌고 달려갔다.

백제는 술과 여자에 취해 나라를 돌보지 않는 의자왕 때문에 당나라와 신라의 연합군을 막아 낼 힘이 없었다. 하지만 목숨을 던져 백제를 지키고자 황산벌로 나선 장수가 있었으니, 그가 바로 계백[5]이다. 계백은 5,000명의 군사를 모아 놓고 외쳤다.

"목숨을 다해 싸우면 열 배의 적도 쳐부술 수 있다. 신라 군이 황산벌을 지나가지 못하도록 나와 함께 목숨을 던져 싸우자."

이러한 각오로 신라 군에 맞선 계백과 5,000명의 군사는 열 배나 되는 신라 군을 상대로 한 치도 물러서지 않았다. 신라 최고의 장수 김유신은 계백의 군사를 물리치기 위해 온갖 수단을 다 썼지만 계속 실패했다.

"군대를 세 갈래로 나누어 백제 군을 완전히 포위하라."

김유신은 네 번이나 백제 군을 공격했지만 모두 실패했다. 그러자 김유신의 아우 김흠순은 자신의 아들인 반굴[6]에게 명령을 내렸다.

"아들아, 네가 백제 군을 뚫고 들어가 저들의 대열을 무너뜨려라."

하지만 반굴은 계백의 칼날 앞에 제대로 힘도 써 보지 못하고 목숨을 잃었다. 그러자 이번에는 장군 품일이 자신의 아들인 관창[7]에게 말했다.

"관창아, 지금 백제 군이 목숨을 걸고 버티고 있어 우리 군사들이 훨씬 수가 많은데도 오히려 겁을 먹고 있구나. 어린 네가 계백의 목을 베어 온다면 우리 군사들이 단숨에 저들을 무너뜨릴 것이다."

제29대 태종무열왕 가계도

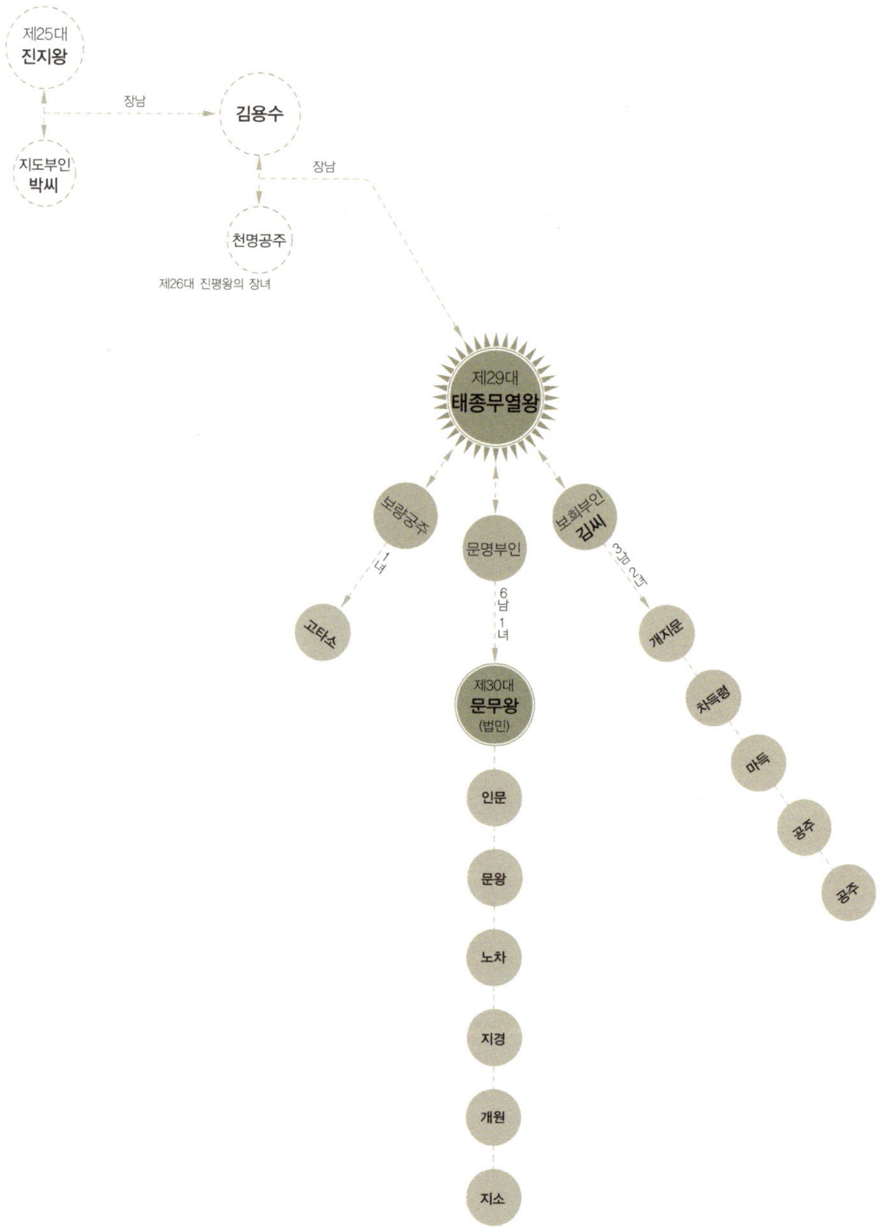

- 제25대 **진지왕** — 지도부인 **박씨**
  - 장남: **김용수**
    - 장남: 천명공주 (제26대 진평왕의 장녀)
      - **제29대 태종무열왕**
        - 보량궁주 — 1녀: 고타소
        - 문명부인 — 6남 1녀:
          - **제30대 문무왕** (법민)
          - 인문
          - 문왕
          - 노차
          - 지경
          - 개원
          - 지소
        - 보희부인 **김씨** — 3남 2녀:
          - 개지문
          - 차득령
          - 마득
          - 공주
          - 공주

아직 10대인 관창이 용감하게 대답했다.

"아버지, 저에게 맡겨 주십시오. 화랑도의 명예를 걸고 계백의 목을 베어 오겠습니다."

하지만 어린 관창이 백제 최고의 장수인 계백의 상대가 될 리 없었다. 관창은 곧 계백에게 사로잡히고 말했다. 계백은 관창을 붙잡아 놓고 말했다.

"너는 어찌해 홀로 이곳으로 뛰어들었는가?"

관창이 대답했다.

"내가 비록 어리지만 그 무엇도 두렵지 않소. 장군의 목을 베어 나라에 바치기 위해 왔소이다."

계백은 관창의 용기를 기특하게 여기며 말했다.

"그 용기가 참으로 놀랍구나. 너는 아직 어리니 돌아가서 더 훌륭한 장수가 되도록 해라."

계백은 관창을 돌려보냈다. 하지만 관창은 풀려나자마자 다시 말 머리를 돌려 백제 군을 향해 나아갔다.

계백은 또다시 관창을 붙잡아 묶어 놓고 말했다.

"네가 비록 어리지만 용기가 대단하구나. 너를 어린애가 아니라 적의 장수로 여기는 것이 옳겠다. 여봐라, 관창의 목을 베어 신라 군에게 보내라."

백제 군사들은 관창의 머리를 벤 뒤 그것을 관창의 말에 실어 신라 군에게 돌려보냈다.

이를 본 신라의 군사들은 분통을 터뜨리며 외쳤다.

"어린 관창을 이렇게 잔인하게 죽일 수 있단 말인가?"

태종무열왕릉비

문무왕 원년(661년) 태종무열왕의 능 앞에 세워진 비석이다. 신라의 진취적인 기상을 엿볼 수 있으며, 국보 제25호로 지정되었다.

경상북도 경주시 서악동

"어린 화랑이 목숨을 던졌으니 우리도 목숨을 아끼지 말자!"

5만 명의 신라 군사는 무서운 기세로 백제 군을 공격해 마침내 계백의 군대를 전멸시켰다.

계백이 무너지자 백제는 더 이상 버티지 못했다. 7월 12일 백제의 도성, 사비성이 무너졌고 의자왕은 웅진성으로 도망갔다. 그러자 당나라와 신라의 연합군은 웅진성을 에워싸고 공격을 퍼부었다.

마침내 7월 18일 의자왕은 태자와 장수들을 모두 데리고 나와 항복했다.

이 소식을 들은 태종무열왕은 기뻐 소리쳤다.

"이제야 시름을 덜었구나. 이제 나라의 앞날이 크게 밝도다."

태종무열왕은 나라 걱정이 사라져서인지 백제를 무너뜨린 이듬해에 세상을 떠났다.

하지만 백제가 완전히 무너진 것은 아니었다. 의자왕은 항복했지만 백제 곳곳에서 장수들이 다시 나라를 일으키기 위해 군사를 이끌고 신라에 맞섰다. 또한 여전히 고구려가 버티고 있었으니, 치열한 전쟁의 시대를 헤쳐 가는 신라의 운명은 새로운 상황을 맞게 되었다.